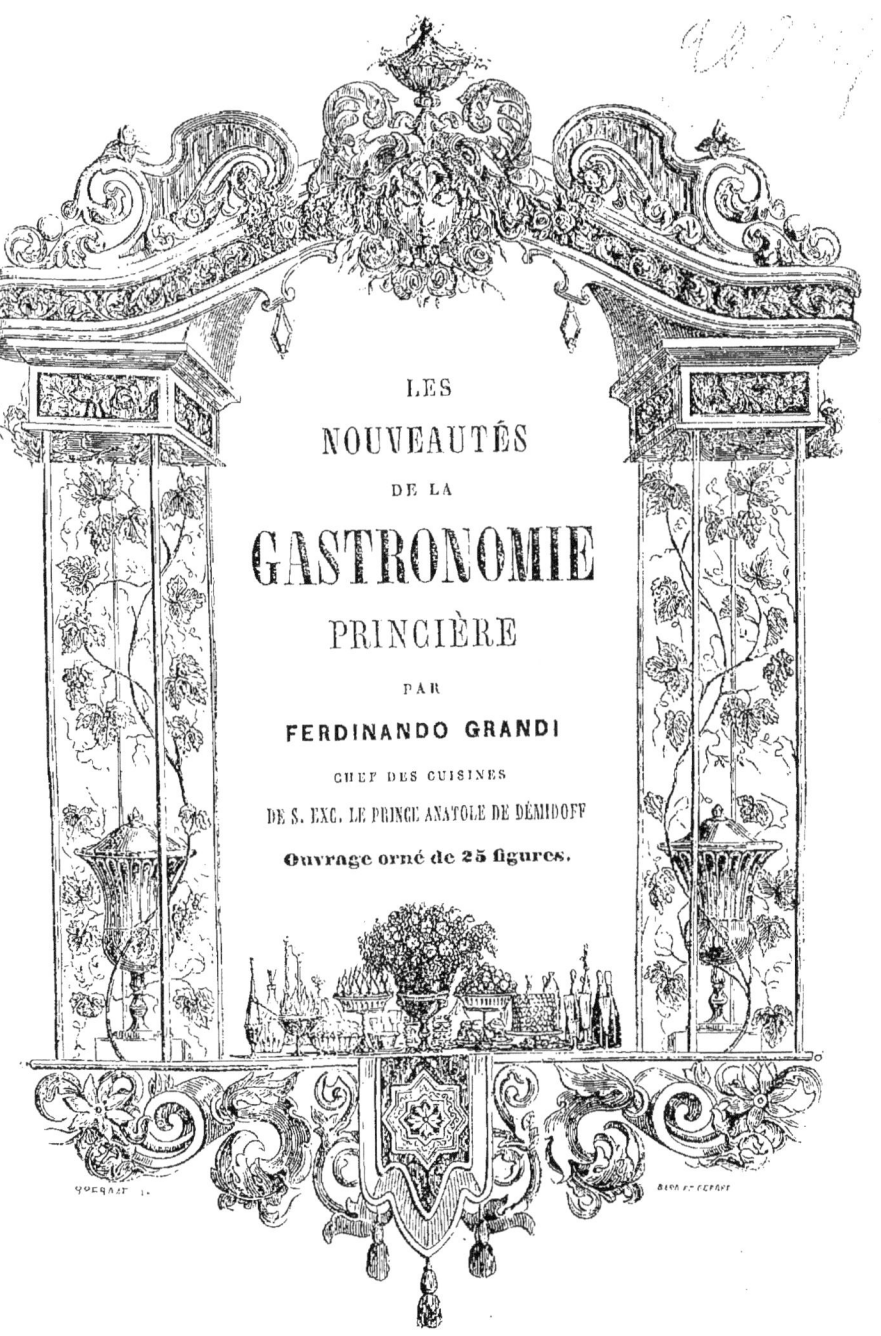

LES NOUVEAUTÉS DE LA GASTRONOMIE PRINCIÈRE

PAR

FERDINANDO GRANDI

CHEF DES CUISINES

DE S. EXC. LE PRINCE ANATOLE DE DÉMIDOFF

Ouvrage orné de 25 figures.

PARIS. AUDOT.

LIBRAIRIE GASTRONOMIQUE,

RUE GARANCIÈRE, 8, SAINT-SULPICE.

1866

LES NOUVEAUTÉS

DE LA

GASTRONOMIE PRINCIÈRE

PARIS. TYPOGRAPHIE DE HENRI PLON,

IMPRIMEUR DE L'EMPEREUR,

RUE GARANCIÈRE, 8.

LES NOUVEAUTÉS

DE LA

GASTRONOMIE PRINCIÈRE

PAR

FERDINANDO GRANDI

CHEF DES CUISINES

DE SON EXCELLENCE LE PRINCE ANATOLE DE DÉMIDOFF.

Ouvrage orné de 25 figures.

PARIS. AUDOT.

LIBRAIRIE GASTRONOMIQUE,

RUE GARANCIÈRE, 8, SAINT-SULPICE.

1866

Tous droits de reproduction et de traduction réservés.

RESPECTUEUSEMENT

DÉDIÉ

A SON EXCELLENCE

LE PRINCE ANATOLE DE DÉMIDOFF

CONSEILLER D'ÉTAT ACTUEL ET CHAMBELLAN

DE SA MAJESTÉ L'EMPEREUR DE TOUTES LES RUSSIES

Par son très-humble, très-dévoué
et très-obéissant serviteur,

FERDINANDO GRANDI.

Fù sempre grande nei suoi fatti
In tutto si distinse
Il protettore delle arti.

Paris, 24 mars 1866.

AVERTISSEMENT.

J'ai composé et pratiqué les essais que je livre aujourd'hui à l'impression, dans la maison d'un protecteur éclairé de tous les arts utiles et agréables et qui ne dédaigne pas le progrès de la gastronomie. Il m'a semblé qu'il ne serait pas sans intérêt de recommander aux amateurs distingués et de mettre à la portée de mes confrères une série de menus comportant une application nouvelle et variée de quelques parties de l'art.

A un tel travail il fallait une nomenclature spéciale : c'est pourquoi j'ai donné à mes compositions des noms inédits rappelant soit des personnages, soit des faits illustres anciens ou contemporains, soit quelques-unes des bizarreries actuelles, comme un cachet d'époque imprimé à ce petit livre.

Quelques figures étaient nécessaires à l'entente du texte ; j'en ai dessiné vingt-cinq, parmi lesquelles douze grands relevés de boucherie décrits dans mes menus.

Je n'ai pas eu la prétention de traiter également toutes les parties de la cuisine dans un ouvrage d'aussi peu d'étendue : c'est ainsi qu'on n'y trouvera qu'un petit nombre de rôts et de soufflés, j'en ai mis justement assez pour figurer dans les menus que je donne au commencement.
— Au reste, je n'ai eu d'autre but, dans cette étude, que de faire connaître les résultats, bornés peut-être, mais éprouvés, de ma propre expérience : c'est-à-dire des mets que j'ai bien effectivement composés et servis.

Dans l'exposé de mes recettes, je ne me suis point assujetti à de trop minutieuses explications; j'écris surtout pour mes confrères de la haute cuisine, et je suis sûr d'être compris d'eux.

F. G.

MENUS

POUR 40 COUVERTS.

MENUS POUR 40 COUVERTS.

DINER.

Le potage à la Démidoff.
Le potage sultane.

HORS-D'OEUVRE.

Les petits pâtés à l'Abd-el-Kader.
Les croquettes au vis-à-vis.

RELEVÉS.

Le turbot à l'Union universelle.
L'esturgeon à l'Arioste.
Le filet de bœuf à la Jules César.
Le chevreuil à la biche-au-bois.

ENTRÉES.

Les poulardes à la Prince Albert.
Les ortolans à la Paul Démidoff.
Les pains de foies gras à l'Erminia degli Ermini.
La magnonnaise de poisson aux quatre ports de mer.

RÔTS.

Les faisans garnis à la Guerrazzi.
Les Jambons anglais au congrès.

ENTREMÊTS.

Les petits pois à la Constantin.
La timbale à la violette.
Les gâteaux à la Démidoff.
La timbale au 15 septembre.
La bombe à la Gule.
Les soufflés à la Colomb.

DINER.

Le potage à la Guillaume Tell.
Le potage à la Belle-Vue.

HORS-D'OEUVRE.

Les petits pâtés à la Turbigo.
La friture mêlée à la Mantovaine.

RELEVÉS.

L'esturgeon aux Flottes réunies.
Les soles à la Démidoff.
Le filet de bœuf au nouveau règne.
Le lièvre au Gladiateur.

ENTRÉES.

Les suprêmes de volaille à la Lucullus.
Les cailles à l'aigle romaine.
Le pain de foies gras à la liberté.
La magnonnaise de thon à la Vespucci.

RÔTS.

L'oie à la Nelson.
La hure de sanglier à la Machiavel.

ENTREMÊTS.

Les artichauts au retour de la chasse.
Les concombres farcis à la belle Césire.
La timbale à la grandeur de la France.
La crème à la San-Domingo.
La gelée à la bonne façon.
Les soufflés à la Jeanne d'Arc.

DINER.

Le potage à la John Russell.
Le potage à la Belle-Ville.

HORS-D'OEUVRE.

La friture à la sibérienne.
Les petits soufflés au Caire.

RELEVÉS.

Le turbot à la lord Byron.
Les truites au lac.
Le Rosbif à la Nouvelle-Zélande.
Le faisan à la Démidoff.

ENTRÉES.

Les poulardes à la Scipion l'Africain.
Les perdreaux à l'état-major.
Le pain de caneton à la Michel Ange.
Les filets de soles à la distinguée.

RÔTS.

Les chapons nouveaux garnis de grives.
Le cochon de lait à la Gemma.

ENTREMÊTS.

Les pointes d'asperges à la Pétrarque.
Les champignons à l'Impératrice.
La pyramide à la Réunion.
La charlotte Magenta à la Mac-Mahon.
La gelée à la grande industrie.
Les soufflés à tous les goûts.

DINER.

Le potage au héros de Palestro.
Le potage aux maréchaux.

HORS-D'OEUVRE.

La friture à la Blanche.
Les petits pâtés à l'Inkermann.

RELEVÉS.

Le saumon à la Regent-Street.
La matelote à la botanique.
La pièce de bœuf à la Napoléon III.
La selle de sanglier à la Gérard.

ENTRÉES.

Les poulets au Prince impérial.
Les bécasses au prince de Galles.
Les filets de lapin à l'Étrurie.
La magnonnaise de homard à la Niccolo dei Lapi.

RÔTS.

Les dindonneaux à la Tibère.
Le bastion de foies gras à la Palestine.

ENTREMÊTS.

Les truffes blanches à la Victor-Emmanuel.
Les choufleurs à l'agréable.
La timbale à la régénération italienne.
La crème à l'Impératrice.
La gelée à la puritaine.
Les soufflés à la Carduccio de 1529.

DINER.

Le potage à la New-York.
Le potage à la nouvelle diplomatie.

HORS-D'OEUVRE.

La friture des millionnaires.
Les petites timbales à la Garibaldi.

RELEVÉS.

L'esturgeon à la grand-steamer.
Les filets de turbot à la prince Humbert.
Le chevreuil au chasseur impérial.
Le jambon à la reine Victoria.

ENTRÉES.

Les côtelettes de veau au doge de Venise.
Les suprêmes de volaille à la Patti.
Les galantines de perdreaux à la Sévillane.
Les timbales d'huîtres à la Raphaël.

RÔTS.

Les canetons à la land-strasse.
Le bastion de soles à la Cronstadt.

ENTREMÊTS.

Les haricots verts à la La Marmora.
Les truffes noires à mon goût.
La charlotte à la Bazaine.
Le bateau au câble transatlantique.
La bavaroise à la mer Noire.
Les soufflés à la renommée.

DINER.

Le potage à la mexicaine.
Le potage à la druse.

HORS-D'OEUVRE.
La friture à la Capo di Monte.
Les petites timbales à la Titus.

RELEVÉS.
La famille des truites réunies.
Le merlan à la Silvio Pellico.
La longe de veau à la nouvelle Amérique.
Les poulardes à la dame aux camélias.

ENTRÉES.
Le gibier aux trois mousquetaires.
Les côtelettes de mouton à la lord maire.
Le pâté au grand Frédéric.
Les filets de turbot à l'Ettore Fieramosca.

RÔTS.
Les poulets nouveaux au roi de Rome.
Les galantines à la Sévillane.

ENTREMÊTS.
Les artichauts à la Boudaoun.
Les truffes noires-grises.
Le pudding à la Ricasoli.
La chartreuse à la charmante.
La bavaroise à la Lucia.
Les soufflés à la fantaisie.

Table à Buffet.
Page 16.

DES POTAGES.

DES POTAGES.

POTAGE A LA DÉMIDOFF.

Prenez des poulets nouveaux, que vous dépecez comme des poulets sautés. Mettez avec : des morceaux de jambon, quelques épluchures de truffes, des champignons, deux anchois, une pointe de poivre de Cayenne. Les poulets cuits à moitié, retirez-les et mettez-les à part. Mêlez ce qui a servi à faire cuire vos poulets avec une bonne espagnole devant faire votre bouillon. Passez dans une casserole et faites bouillir doucement à l'angle du fourneau après avoir mis vos poulets dedans. Lorsque le potage sera terminé, servez-le comme un potage à la tortue. Vous l'accompagnerez, sur un plat à part, de petits ognons glacés autour desquels vous ferez des bouquets d'une printanière de légumes.

POTAGE A LA JOHN RUSSELL.

Faites cuire de l'orge perlé dans lequel, trois quarts d'heure avant de le retirer du feu, vous mettrez des côtelettes de mouton bien petites et bien parées. Un quart d'heure après que les côtelettes ont bouilli, vous ajoutez des poulets nouveaux coupés selon l'art et avec lesquels vous ferez votre potage.

Au moment de le servir, vous le lierez avec des jaunes d'œufs et de la bonne crème. Vous mettrez sur un plat des navets glacés à la petite cuillère ornés de feuilles de persil et de cerfeuil.

POTAGE A LA BELLE-VILLE.

Faites des quenelles de volaille que vous farcirez de riz naturel cuit au bouillon blanc. Vous les servirez avec une brunoise coupée deux fois plus grosse que d'habitude dans un consommé de volaille bien clair; vous servirez sur un plat de petits choux de Bruxelles de la grosseur d'une balle de fusil.

POTAGE A LA SULTANE.

Vous ferez des quenelles de gibier que vous couperez en demi-lune. Vous couperez de la même forme des carottes et des navets. Vous ferez pocher des œufs dans de petites darioles que vous barderez de lard. Jetez la moitié des blancs et mettez le tout dans une soupière. Vous le servirez avec un bon consommé. Vous mettrez sur un plat de petites croustades de pain à la moelle.

POTAGE A LA NEW-YORK.

Faites une espèce de soubise avec des ognons et des choux blancs que vous ferez cuire avec des jaunes d'œufs dans un moule à cylindre et au bain-marie. Vous couperez en tranches à peu près comme des pommes de terre à la duchesse et vous mettrez dans une soupière avec des petits pois bien cuits. Vous verserez dans la soupière un bon bouillon de volaille lié avec des jaunes d'œufs, et vous mettrez sur un plat du riz cuit avec du bouillon blanc.

POTAGE A LA NOUVELLE DIPLOMATIE.

Faites une farce de volaille. Beurrez des petits moules à darioles que vous garnirez de farce. Remplissez-les ensuite avec des rognons de chapons et une printanière. Vous refermerez les moules avec la farce et vous les ferez pocher vingt minutes avant de les servir. Vous les mettrez dans la soupière avec des filets de cailles sautés et vous les servirez avec un consommé très-clair.

POTAGE A LA MEXICAINE.

Préparez une espagnole comme pour la tortue; coupez un morceau au milieu d'une culotte de bœuf, faites-le braiser avec un fond copieux qui soit déjà un peu avancé de cuisson. Le bœuf cuit, retirez-le, laissez-le refroidir un peu sous la presse sans trop forcer. Passez le fond, dégraissez-le bien et mêlez-le avec le potage préparé. Quand le bœuf est froid, coupez-le en tranches fines, carrées et avec sa graisse. Mettez dans la soupière des ronds de carottes larges de deux centimètres après les avoir fait cuire séparément et jetez-les sur la soupe au moment de la servir.

POTAGE ABD-EL-KADER.

Faites braiser de petits canetons nouveaux. Lorsqu'ils seront cuits, vous les laissez refroidir; vous les dépecez et prenez les filets, l'estomac et le bon morceau de la cuisse. Otez toute la chair des parures, vous la pilerez et peu à peu vous y mélangerez une purée d'ognons déjà préparée et vous allongerez avec de bon bouillon en quantité nécessaire. Passez et mettez ensuite dans un bain-marie pour finir avec un morceau de beurre très-frais. Au moment de servir vous jetterez les morceaux de canetons dans la soupière et verserez le potage dessus. Dans un plat à part faites passer une julienne bien glacée.

POTAGE DES QUATRE SAISONS.

Faites des quenelles de volaille à la petite cuillère. Faites aussi des quenelles de foie gras aux cornets. Préparez également des quenelles aux pommes de terre, aux rognons de chapons et aux jaunes d'œufs. Mettez le tout dans la soupière, et au moment de servir versez un bon consommé bien clarifié. Mettez sur un plat une printanière de légumes trois fois plus copieuse que d'habitude.

POTAGE BELLEVUE.

Faites des suprêmes de poulets nouveaux que vous sauterez au beurre. Cinq minutes avant de les servir, vous les mettrez dans une soupière où il y aura déjà des filets de mauviettes bien tendres. Vous y verserez un consommé de volaille très-clair et vous servirez sur un plat de petites carottes et navets que vous aurez fait cuire dans du consommé.

POTAGE A LA VILLE DE BERLIN.

Après avoir fait braiser des perdreaux, vous les préparerez comme pour un salmis et vous les mettrez dans un bain-marie où vous les ferez chauffer quelques minutes avant de servir. Faites une espagnole un peu plus liée que pour le potage tortue; vous l'assaisonnerez avec du poivre de Cayenne et vous servirez votre potage après l'avoir mêlé avec le fond où vous avez fait cuire vos perdreaux. Vous mettrez à part dans une casserole d'argent des quenelles de choux blancs.

POTAGE A LA DRUSE.

Faites braiser un petit lièvre avec quelques saucisses. Lorsqu'il sera cuit, retirez-le du feu, coupez la meilleure partie du lièvre en petits morceaux. Faites-en autant avec les saucisses après leur avoir enlevé la peau. Faites ensuite avec les parures du lièvre et son fond une bonne purée potage que vous servirez avec l'appareil que vous avez déjà préparé. Faites frire de petits croûtons de pain que vous farcirez avec une purée d'ognons où vous aurez mis des jaunes d'œufs pour la tenir, et cinq minutes avant de les servir donnez un coup de four. Servez ces croûtons séparément.

POTAGE IRLANDAIS.

Faites des escalopes de turbot, mettez-les avec du beurre dans un plat à sauter. Faites une sauce fricassée vénitienne, mais beaucoup plus liquide que d'ordinaire; au moment de servir, faites sauter vos escalopes; retirez-les pour les mettre dans la soupière et versez le potage dessus. Vous servirez sur un plat des croûtons de pain ronds, grillés, avec des tranches de citrons.

POTAGE A LA CIALDINI.

Prenez des carottes, navets, pommes de terre, ognons, petits pois; faites-en une bonne purée. Vous y mêlerez un demi-litre de haricots blancs aussi en purée, et au moment de servir vous finirez avec un morceau de beurre frais. Vous mettrez dans une casserole d'argent un consommé clair avec des ravioli et vous servirez sur une assiette des croûtons de pain frits naturels.

POTAGE MATELOTE A LA FLORENTINE.

Prenez des huîtres, des filets de soles, des tronçons d'anguille, des queues d'écrevisses; préparez aussi une certaine quantité de cuisses de grenouilles: faites cuire tout cela à la manière ordinaire et mettez-le dans un bain-marie. Ayez tout le poisson capable de faire un bon bouillon et cuisez-le avec une bouteille de bordeaux. La cuisson terminée, vous ferez une sauce avec laquelle vous formerez un potage lié que vous servirez avec un beurre d'écrevisses. Mettez vos garnitures dans la soupière et versez dessus votre potage. Vous le ferez un peu relevé de poivre. Vous présenterez sur un plat des croûtes de pain rôties naturelles.

POTAGE AU 15 SEPTEMBRE 1864.

Ayez des faisans, coupez-les et disposez-les comme pour les faire sauter. Une fois cuits, retirez vos morceaux de faisans, parez-les et mettez-les dans un bain-marie. Réservez aussi les parures pour les utiliser. Vous mettrez dans la cuisson des faisans une livre de mie de pain où vous aurez incorporé deux onces de farine ; ajoutez-y de bon bouillon de gibier et formez une panade consistante que vous pilerez avec les parures de faisans déjà préparées. Cela fait, vous ajouterez le bouillon qui formera votre potage. Au moment de finir, vous lierez avec des jaunes d'œufs et de bonne crème et vous servirez avec les morceaux de faisans. Vous mettrez sur un plat une macédoine de légumes garnie de croûtons farcis verts, blancs, rouges, etc.

POTAGE AU HÉROS DE PALESTRO.

Prenez un morceau de jambon cru que vous couperez en petites tranches. Vous les faites cuire tout doucement avec douze ou quatorze gros ognons que vous aurez coupés et blanchis. Vous mettrez aussi six chicorées blanches. Quand le tout sera prêt, vous le pilerez et passerez à l'étamine de laine. Vous ajouterez à cela une bonne espagnole proportionnée à la quantité de potage qui vous est nécessaire et vous finirez, au moment de servir, avec un verre de bon vin blanc. Vous mettrez à part, dans une casserole d'argent, des poulardes braisées que vous couperez suivant la règle et vous y ajouterez des rognons de chapons.

POTAGE A LA BERSAGLIÈRE.

Prenez un lièvre que vous couperez en morceaux ; vous le ferez cuire dans une casserole avec beaucoup d'aromates bien assaisonnés et vous y verserez une bouteille de vin de Marsalla. Vous retirerez les morceaux de lièvre et les mettrez dans un bain-marie. Passez le fond du lièvre que vous mêlerez avec un bon consommé et que vous ferez clarifier. Jetez ce bouillon sur les morceaux de lièvre dans une soupière. Vous mettrez dans une casserole d'argent des ravioli de la largeur d'une grande pièce de cinq francs que vous mêlerez avec des quenelles rondes de volaille et gibier de la grosseur d'une balle de fusil.

POTAGE A LA LUCULLUS.

Prenez des langues d'agneau préparées et braisées, d'un bon goût. Une fois cuites, retirez-les et mettez-les sous presse. Après cela parez-les et mettez-les dans un bain-marie. Faites de petits suprêmes de cailles que vous arrangerez comme d'habitude dans un plat à sauter. Vous formerez un potage lié avec le consommé où vous aurez fait cuire les carcasses de cailles. Vous le finirez, au moment de servir, avec un peu de vin de Madère. Puis vous ferez sauter vos filets, les mettrez avec les langues dans la soupière et vous verserez le potage dessus. Présentez dans une casserole d'argent un consommé clarifié avec des quenelles à la cuillère à bouche que vous ferez avec du gibier et de la volaille.

POTAGE A LA VILLAFRANCA.

Faites une brunoise deux fois plus grosse que d'habitude; vous la passerez au beurre, puis vous la mouillerez avec un bouillon clair naturel. Une fois cuite, vous la dégraisserez, et au moment de servir vous y ajouterez de petites quenelles de pommes de terre. Donnez à part, dans une casserole d'argent et avec de bon bouillon, des suprêmes de volaille et des filets de canards royaux.

POTAGE TORTUE A LA DÉMIDOFF.

Faites un fort consommé bien coloré, servez-le tout naturel dans une soupière. Vous mettrez dans une casserole d'argent, avec du même consommé, des morceaux carrés de vraie tortue de la largeur de cinq centimètres.

POTAGE VICTORIA.

Farcissez des mauviettes avec une farce de filets de volaille au goût de champignons et de truffes. Faites-les cuire de manière qu'elles restent rondes. Vous y conserverez les os des pattes et les laisserez refroidir pour les parer. Cela fait, vous les mettrez dans un bain-marie. Vous ferez une sauce espagnole avec un bon consommé légèrement parfumé d'aromates; vous terminerez votre potage avec un peu de vin de Madère réduit et vous le servirez avec vos mauviettes. Vous mettrez dans une casserole d'argent un consommé avec des têtes de céleri.

POTAGE A LA GUILLAUME TELL.

Faites deux purées : une d'orge et l'autre de canards royaux. Au moment de servir vous les mêlerez ensemble et vous terminerez avec du beurre frais. Vous ferez une quantité de petites quenelles de gibier au cornet et vous les mettrez dans une soupière avec les deux purées mélangées. Vous présenterez sur un plat du riz que vous aurez fait cuire dans un bouillon de gibier.

POTAGE AU TROUVEUR.

Coupez un lièvre et une pintade en petits morceaux que vous ferez cuire avec tout le nécessaire comme un ragoût. Lorsqu'ils seront cuits, mettez-les dans un bain-marie. Vous ferez un roux que vous mouillerez avec de bon bouillon, et avec le fond du lièvre et de la pintade que vous aurez passé, vous ferez une espagnole. Au moment de la dépouiller, faites cuire avec une demi-livre de jambon cru, en deux morceaux, deux tomates dont vous retirerez le jaune et la graine. Vous mettrez aussi quelques saucisses et quand tout sera prêt vous passerez votre soupe, que vous servirez avec une petite quantité de vin de Malaga. Vous ôterez la peau des saucisses que vous aurez fait cuire, vous les couperez en morceaux et vous les servirez avec le potage. Vous mettrez dans une casserole d'argent de petites carottes glacées.

POTAGE AUX BIJOUX.

Faites avec des carottes des anneaux coupés au coupe-pâte. Faites aussi la même chose avec des navets. Vous ferez également des carottes et des navets en forme d'olives et demi-olives. Vous préparerez encore des carottes et des navets avec la petite cuillère à légumes de la grosseur des petits pois, vous ajouterez des pointes d'asperges. Vous ferez blanchir des petits pois et quelques petits bouquets de choufleurs. Tous ces légumes bien blanchis et cuits, vous les mettez ensemble dans un bain-marie et vous les servez avec un bon consommé de volaille. Vous mettrez une partie de ce même consommé dans une casserole d'argent avec des quenelles de volaille et gibier que vous aurez faites au cornet et de plusieurs formes. Vous pouvez faire cuire la farce dans un moule uni et la couper en petits morceaux comme bon vous semblera.

POTAGE DE FANTAISIE.

Faites cuire des lapins en ragoût; une fois cuits, retirez-les, séparez la chair des os, pilez-la dans un mortier et terminez avec un velouté que vous avez déjà apprêté et de la quantité qui vous est nécessaire. Vous mettrez dedans des escalopes de filets de lapins que vous ferez sauter au moment de servir. Dans une casserole d'argent présentez des laitues farcies.

POTAGE AU MONT-BLANC.

Faites blanchir des feuilles de persil et cerfeuil que vous mettrez dans la soupière avec des quenelles de volaille à la petite cuillère et que vous servirez avec un très-bon consommé. Vous mettrez sur un plat du riz très-blanc que vous ferez cuire avec du bouillon de volaille. Formez, avec ce riz, une pyramide aussi haute que possible. Disposez autour du plat de petites balles de navets que vous avez fait cuire avec le même potage.

POTAGE A LA MODERNE.

Faites un pain de foies gras et de jaunes d'œufs assaisonné un peu piquant; vous le ferez pocher dans de petits moules à darioles et servirez séparément dans une casserole d'argent. Faites un bouillon naturel bien clarifié : ce bouillon doit être composé de noix et jarret de bœuf, de jarret de veau et d'une oie que vous ferez rôtir à moitié et que vous mettrez ensuite dans la marmite. Une fois votre bouillon prêt, vous le passerez et verserez dans la soupière et y ajouterez quelques carottes coupées en julienne et cuites dans le même bouillon.

POTAGE A LA VILLE DE DRESDE.

Faites cuire de l'orge perlé ; faites-en de petits boudins dans des moules à darioles et vous les servirez tels quels, dans une casserole d'argent. Faites un bouillon dans lequel vous mettrez 5 ou 6 kilogrammes de mouton. Ce bouillon fait, passez le tout naturel et vous le verserez dans une soupière où vous laisserez tomber quelques étoiles de graisse. Vous mettrez avec le bouillon des filets mignons de mouton que vous ferez sauter au beurre en forme d'escalopes. Vous mettrez aussi des quenelles à la Soubise que vous ferez au cornet.

POTAGE A LA CIRCASSIENNE.

Faites une purée de chevreuil que vous servirez dans la soupière avec du riz cuit au bouillon de gibier. Au moment de servir votre potage, mettez-y beaucoup de crème aigre. Vous servirez dans une casserole d'argent des gelinottes aux choux.

POTAGE A L'AMIRAUTÉ.

Prenez des filets de soles farcis avec de la farce au beurre d'écrevisses. Prenez des huîtres, des anguilles, des queues de crevettes et des quenelles de turbot au beurre d'anchois. Préparez cela pour le potage. Vous ferez ensuite un bouillon de poisson, le meilleur possible, aromatisé de poivre de Cayenne. Le bouillon doit être bien clarifié et point coloré. Au moment de servir, vous mettrez votre garniture dans la soupière avec le bouillon. Présentez dans une casserole d'argent des suprêmes d'esturgeon avec une printanière de légumes que vous disposerez au milieu des suprêmes et garnis avec des ancres découpées, que vous ferez au cornet avec de la farce à quenelles, et vous servirez le tout au naturel.

POTAGE AUX MARÉCHAUX.

Faites des quenelles de volaille, de gibier, de chicorée et d'oseille, trois fois grosses comme une balle de fusil et parfaitement rondes. Faites ensuite, au moyen de la cuillère à légumes, des ovales avec des carottes, navets et pommes de terre de la grosseur d'une de ces balles. Vous ferez sauter des filets de perdreaux et de poulets, puis vous les couperez avec un coupe-pâte en forme de cœur. Lorsque le tout sera prêt, placez-le dans la soupière, et au moment de servir versez dessus un fort consommé trèscoloré. Vous présenterez dans une casserole d'argent, avec du même consommé, de petits bâtons de maréchaux faits au cornet avec de la farce à quenelles.

POTAGE MAGENTA ET SOLFERINO.

Faites braiser des poulets nouveaux, des perdreaux et des lièvres suivant la règle. Faites une espagnole avec un bon jus où vous mettrez les trois cuissons ci-dessus. Cette espagnole doit être bien claire, par conséquent peu liée. En cuisant l'espagnole, mettez-y un fort bouquet d'aromates, un gros ognon en tranches, quelques girofles et du poivre en grains. Faites en sorte qu'elle ait un bon goût et du piquant. Une fois finie, vous la passerez dans un bain-marie où vous aurez déjà mis les meilleurs morceaux des poulets et du gibier. Vous servirez sur un plat, à la serviette, une pyramide que vous ferez avec des jaunes d'œufs, des rognons de chapons, puis des carottes et des navets que vous formerez avec la cuillère à légumes en boules deux fois grosses comme des balles de fusil. Vous garnirez le bas de la pyramide de crêtes de chapons bien blanches et pas trop grosses. Vous disposerez en rond, autour des crêtes, des boules de la grosseur des précédentes, découpées dans des betteraves bien rouges et cuites dans un bon consommé jusqu'à ce que le goût de la betterave ait disparu.

POTAGE A LA DUMAS.

Prenez de grosses carottes et des navets, formez-en des tranches larges que vous couperez avec le coupe-pâte à lettres. Vous ferez des pointes d'asperges et quelques petits pois, des têtes de céleri coupées en 6 ou 8 morceaux. Vous servirez le tout avec un consommé de volaille. Dans une casserole d'argent présentez des quenelles de volaille, carrées, de 3 centimètres de largeur sur lesquelles vous fixerez quelques boutons de langue.

POTAGE A LA THÉRÉSA.

Coupez des légumes en forme de feuilles et d'étoiles. Vous préparez des pointes d'asperges et des quenelles de riz. Vous ferez pocher une sauce tomate avec des jaunes d'œufs dans un moule à charlotte. Coupez le produit en losanges. Vous servirez le tout avec un bon consommé. Placez sur un plat à la serviette de petits bouquets de choufleurs, de brocolis et des bouquets de pointes d'asperges que vous ferez tenir avec un anneau de carotte ou de navet.

POTAGE AUX DARDANELLES.

Prenez des homards dont vous enlevez la partie charnue de la queue. Vous formerez une purée avec le reste et un bon bouillon de poisson que vous aurez fait avec la partie de la queue des homards divisée en dés très-petits. Vous prendrez de la béchamel que vous mêlerez avec des jaunes d'œufs; vous la ferez pocher dans de petits moules à tartelettes. Prenez ensuite des filets de sole, des tranches d'esturgeon que vous ferez sauter au beurre, après quoi vous les couperez au coupe-pâte en demi-lunes. Faites pocher des blancs d'œufs et des jaunes séparément. Vous ajouterez à ceux-ci un peu de consommé et ensuite vous les couperez partie en demi-lunes et partie rondes, et vous mettrez le tout dans la soupière. Quand la purée est prête, vous la finissez avec un beurre d'écrevisses. Servez sur un plat du riz à la turque que vous aurez mêlé avec des queues d'écrevisses.

POTAGE A LA MÈRE L'OIE.

Prenez deux choux tendres que vous ferez blanchir et braiser avec du riz. Ceci cuit, égouttez dans une passoire et pilez ensuite avec une bonne béchamel au bouillon. Cela fait, vous assaisonnerez un peu piquant. Mêlez-y des jaunes d'œufs en proportion et faites pocher dans des moules à madeleine. Vous ferez des demi-olives avec des carottes et navets et vous servirez tout cela avec un bouillon de bon goût et très-clair. Servez à part, dans une casserole d'argent, des choux blanchis et braisés que vous aurez coupés avec la boîte à colonne, larges de 2 centimètres. Présentez en même temps de petites quenelles que vous ferez comme suit : prenez du filet de bœuf, faites-le sauter au beurre, coupez-le ensuite très-fin et pilez-le dans le beurre où vous avez fait sauter le filet. Mettez une certaine quantité de mie de pain que vous ferez bien cuire et réduire et que vous pilerez ensuite avec le filet de bœuf. Vous ajouterez quelques jaunes d'œufs durs; assaisonnez suivant la règle en faisant dominer une pointe de poivre de Cayenne. Cette préparation faite, et sans la passer, vous mettrez des jaunes d'œufs et vous formerez les quenelles.

POTAGE TOLEDO.

Prenez un morceau de bœuf choisi dans la noix, faites-le braiser à l'italienne, ajoutez-y beaucoup de tomates, ognons et carottes et faites cuire dans une braisière après avoir couvert le tout de bouillon naturel. La cuisson bien opérée, retirez le bœuf, dégraissez le fond que vous passerez dans une casserole où vous aurez préparé un roux pour former une espagnole très-claire. Vous pilerez les légumes en les mouillant un peu avec cette espagnole : vous passerez dans une étamine de laine; cela fait, vous l'ajouterez au bouillon. Au moment de servir, assaisonnez d'un goût agréable, et versez dans la soupière, où vous aurez déjà préparé des poulets sautés. Vous présenterez dans une casserole d'argent des macaronis que vous aurez fait blanchir dans du bon bouillon.

POTAGE A LA ROTHSCHILD.

Prenez des faisans, ôtez-en les filets, faites cuire le reste et formez-en une purée proportionnée à la quantité de potage qui vous est nécessaire. Faites sauter les filets bien plats et coupez-les après, avec la boîte à colonne, de la grosseur de 2 centimètres. Vous ferez pocher des ortolans, que vous mettrez dans une casserole d'argent avec les filets de faisans et une farce de gibier. Au moment de servir, vous assaisonnerez votre purée et la mettrez dans la soupière où se trouvera déjà une certaine quantité de rognons de chapons.

POTAGE A LA SORCIÈRE.

Faites une bonne purée de filets de canetons ; au moment de servir finissez-la avec une sauce potage tortue où le poivre de Cayenne ne domine pas trop. Versez-la sur la soupière où vous aurez déjà préparé une quantité de mauviettes farcies comme d'habitude. Vous servirez dans une casserole d'argent un consommé clarifié ; ajoutez des rognons de chapons.

POTAGE A LA SOUVERAINE.

Prenez des filets de faisans, faites-les sauter au beurre ; après quoi, coupez-les en dés, pilez-les, et mêlez-y une sauce espagnole de gibier ; assaisonnez-la et mettez des jaunes d'œufs en proportion. Passez ensuite au tamis et faites pocher vingt minutes dans un moule à cylindre; servez sur un plat d'argent que vous garnirez de petits bouquets de pointes d'asperges, petits pois, carottes, navets, coupés à la petite cuillère à légumes. Sur le pain de gibier formez une couronne avec des carottes coupées en triangles; vous servirez dans la soupière un fort consommé de volaille.

DES HORS-D'OEUVRE.

DES HORS-D'OEUVRE.

FRITURE SIBÉRIENNE.

Faites un salpicon de gibier, truffes, champignons. Vous passerez au beurre un petit ognon haché, et vous y ajouterez des fines herbes; cela fait, vous formerez une béchamel à la crème aigre que vous mettrez dans le salpicon et vous mêlerez. Le tout étant froid, vous ferez de petites croquettes rondes en mettant dans la panure du maigre de jambon haché très-fin. Ces croquettes ne doivent rester que six secondes dans la friture.

PETITS SOUFFLÉS AU CAIRE.

Faites une purée de pigeons que vous mêlerez avec une bonne espagnole réduite, ajoutez-y une julienne de truffes, champignons et langue; vous y mettrez quelques jaunes d'œufs, et au moment de les cuire vous mettrez le blanc de l'œuf monté. Faites cuire dans de petites croustades que vous aurez préparées dans des moules à darioles avec du fétage ordinaire.

FRITURE A LA BLANCHE.

Vous ferez des filets chauds froids avec de la tête de veau en mettant dans la sauce une certaine quantité de truffes hachées bien menu. Vous les passerez dans une panure très-fine et vous les ferez frire dans une bonne friture. Au moment de servir, vous garnirez avec des pommes de terre rondes que vous ferez frire peu colorées.

PETITS PATÉS A LA TURBIGO.

Faites de petits pâtés que vous viderez le plus possible ; remettez-les ensuite au four pour faire sécher le dedans. Préparez une purée de tomates ayant bon goût que vous mettrez dans une terrine pour la faire refroidir ; vous ajouterez des jaunes d'œufs en quantité suffisante pour la faire prendre comme une crème. Dix minutes avant de servir, vous remplirez vos petits pâtés, vous les mettrez au four et les couvrirez d'un papier pour qu'ils ne prennent pas trop de couleur. Au moment de dresser, vous prendrez de très-petits bâtons de pommes de terre bien frits que vous fixerez au milieu des petits pâtés.

PETITS VOL-AU-VENT A L'ABD-EL-KADER.

Faites de très-petites escalopes avec du filet de sanglier ; vous préparerez un peu d'espagnole réduite où vous mêlerez une certaine quantité de câpres bien hachées ; vous y mettrez vos escalopes et vous remplirez vos vol-au-vent. Une fois remplis, vous couvrez le tout d'une chemise de béchamel bien blanche et vous servez.

CROQUETTES A L'INDIENNE.

Faites une brunoise de légumes que vous passerez au beurre; vous la laisserez ensuite tomber en glace avec de bon consommé. Une fois cuite, vous y mêlerez du riz que vous aurez fait cuire d'un bon goût et dans lequel vous mettrez un peu de poudre de kari. Vous en ferez des croquettes plus fines que d'habitude et moitié plus longues. La serviette sur laquelle vous les servirez doit être pliée en forme d'artichaut.

PETITS PATÉS INKERMANN.

Faites des petits pâtés dans des moules à pâtés. Faites ensuite une purée de champignons dans laquelle vous mettrez quelques truffes hachées et des jaunes d'œufs en quantité suffisante pour la tenir. Vous remplirez vos petits pâtés avec une couche de cette farce et une couche d'escalopes de poulets et rognons de chapons que vous aurez préparées avec une bonne espagnole réduite et vous les terminerez ainsi. Vous les couvrirez, et au moment de servir vous les glacerez.

FRITURE MÊLÉE A LA MANTOVAISE.

Faites des croquettes de riz au salpicon de champignons, et donnez-leur une forme ronde. Faites également des croquettes d'œufs durs à la béchamel où vous mettrez un salpicon de truffes et vous leur donnerez là forme de petits canons. Ajoutez une farce de volaille que vous découperez en petites roues, lesquelles, après avoir été pochées, doivent être panées une fois seulement; et vous ferez également avec la même farce, et toujours au cornet, de petits bâtons, aussi panés, dont vous garnirez la friture.

CROUTE GOURMANDE.

Taillez des croûtons de pain en forme de cœur; donnez-leur une épaisseur d'un centimètre, sur une longueur de six et une largeur de quatre centimètres. Faites frire au beurre. Creusez la partie du dessus, et ôtez-en le plus possible de mie. Remplissez le vide obtenu d'un peu d'une purée de foie gras, que vous aurez préparée d'avance avec une pointe de poivre de Cayenne et quelques jaunes d'œufs, suffisant pour la faire tenir. Placez dessus une tranche de truffe crue d'un demi-centimètre d'épaisseur, et finissez par revêtir complétement toute la surface du croûton avec la même farce que ci-dessus. Ébarbez le tout avec la pointe d'un couteau touchée dans du blanc d'œuf pour le fixer. Dix minutes avant de servir, passez au four modéré; glacez au pinceau, et dressez sur le plat.

FILETS DE MERLANS A LA DURANDO.

Prenez de petits filets de merlans, faites-les sauter et mettez les sous presse. Faites réduire une partie de bon velouté dans lequel vous mettrez des fines herbes. Cela fait, vous masquerez vos filets que vous panerez et vous les ferez frire. Vous garnirez cette friture avec des coquilles de queues d'écrevisses et d'huîtres.

PETITES TIMBALES A LA GARIBALDI.

Bourrez et garnissez de petites darioles avec du macaroni; faites réduire un velouté où vous aurez mis une forte quantité de fines herbes passées au beurre avec un peu d'ôgnon. Ajoutez-y beaucoup de champignons. Vous mettrez ensuite des jaunes d'œufs en quantité suffisante et vous remplirez les darioles que vous ferez pocher. Vous les servirez dans un plat sur une sauce tomate bien rouge et de bon goût, mais sans que cette sauce touche le dessus des darioles. Au sommet de celles-ci, dressez trois queues d'écrevisses en forme de pyramide surmontées d'un petit bouton de langue bien rouge. Présentez dans une saucière une bonne sauce tomate.

FRITURE DES MILLIONNAIRES.

Faites frire, comme d'habitude, des filets de sole. Lorsque vous les dresserez sur le plat, garnissez-les de croquettes faites avec une farce de gibier cuite; vous y mettrez un salpicon de truffes. Vous donnerez à vos croquettes l'épaisseur de deux fois une pièce de cinq francs en argent. Vous mélangerez vos filets de sole avec des balles de pâte à choux que vous ferez cuire au four, et vous mettrez dans ces balles, au moment de servir, un peu de beurre d'anchois.

RISSOLES A LA DÉMIDOFF.

Réduisez une bonne allemande. Coupez des filets de perdreaux et de poulets. Prenez ensuite des truffes que vous couperez en dés et que vous mêlerez à l'allemande avec un peu de jus de citron. Vous ferez les rissoles avec de la pâte à brioches. Vous la dresserez en couronne et dans le milieu vous mettrez une friture italienne.

FRITURE AU PRINCE IMPÉRIAL.

Faites un pain de volaille dont le fond doit être un peu plus ferme que d'habitude. Une fois cuit, vous le laisserez refroidir et vous le couperez ensuite en grosses tranches avec le coupe-pâte et le couteau en plusieurs dessins. Vous panerez ces tranches une fois seulement et vous les ferez frire d'une bonne couleur. Vous les servirez dans une croustade de riz sur un plat avec une serviette.

FRITURE A LA LOUISIANE.

Faites cuire du vermicelle, assaisonnez-le bien. Faites braiser au beurre une bonne printanière, mêlez-la avec le vermicelle et ajoutez-y un peu de sauce tomate. Mêlez le tout ensemble et étalez à un centimètre d'épaisseur sur une plaque beurrée. Vous couvrirez d'une feuille beurrée, et le mélange étant froid, vous le couperez en ronds et en losanges et vous panerez une fois seulement avant de frire.

FRITURE A LA CAPO-DI-MONTE.

Faites cuire du macaroni, le plus gros possible; laissez-le bien égoutter; étalez-le ensuite sur une serviette; aussitôt qu'il sera refroidi, entourez-le d'une allemande bien serrée dans laquelle vous aurez mis une bonne portion de fines herbes, de légumes et une petite poignée de fromage râpé; vous les toucherez à la farine et puis, dorés et panés, vous les ferez frire bien clair. Vous garnirez cette friture avec de très-petites bouchées que vous emplirez d'une béchamel au goût de parmesan.

FRITURE A L'AFRICAINE.

Formez une croustade de riz imitant un petit bateau, garnissez-la d'une friture de filets de soles, d'éperlans et de croquettes d'huîtres. Vous mettrez des deux côtés du bateau, autour du plat, de petits soufflés de poisson que vous ferez dans des caisses de papier.

FRITURE COQUETTE.

Prenez des filets mignons de dindonneau, parez-les et aplatissez-les. Coupez-les en aiguillettes longues et de l'épaisseur d'un centimètre. Marinez-les ensuite avec du laurier, du thym, un peu de sel, poivre, noix muscade et un peu de vin de Champagne. Vous les y laisserez six heures. Au moment de les frire, vous les ôtez de la terrine un morceau à la fois et les laissez égoutter un peu dans une serviette sans les froisser. Vous les touchez dans la farine et vous les jetez ensuite dans la poêle en leur donnant une forme frisée. Vous garnissez la friture tout autour avec de petites croquettes longues de pommes de terre à la printanière et d'autres en forme d'anneaux. Vous mettrez aussi de petits bouquets de choufleurs frits comme d'habitude, et vous parerez çà et là toute la friture de petits bouquets de persil frit.

FRITURE AU NOUVEAU MONDE.

Faites une soubise très-forte que vous lierez avec des jaunes d'œufs; ajoutez-y un bon hachis de champignons bien passé au beurre, puis encore des saucisses écrasées que vous aurez fait cuire d'avance. Étalez cette préparation sur une plaque, et lorsqu'elle sera froide, coupez-la avec le coupe-pâte en forme d'étoiles. Panez et faites frire. Vous ferez avec la même pâte douze croquettes rondes dont vous garnirez la friture.

FRITURE MESSINIENNE.

Prenez des filets de soles, coupez-les en losanges et mettez-les mariner. Au moment de les frire, vous les toucherez dans du beurre et œufs battus dans lesquels vous aurez mis des fines herbes hachées. Puis vous les panerez une fois seulement. Vous aurez soin de mettre dans les œufs battus une pointe de poivre de Cayenne. Préparez enfin des queues d'écrevisses et des huîtres que vous panerez une fois, et au moment de servir vous les jeterez dans la poêle pendant une seconde.

PETITES TIMBALES A LA TITUS.

Formez de petites timbales avec un fétage ordinaire. Faites une purée de gibier que vous préparerez dans une petite terrine comme pour un soufflé. Vous y ajouterez une julienne de truffes, champignons et langue que vous aurez fait bouillir cinq minutes dans une demi-glace avec beaucoup de thym. Vingt minutes avant de servir vous emplirez vos timbales, que vous servirez sans être couvertes. Une fois cuites, vous les glacerez avec une demi-glace.

SOUFFLÉS A LA MARC-AURÈLE.

Formez sur une plaque, avec de la pâte à choux, des boules de la grosseur d'un œuf. Faites-les cuire vingt minutes avant de les servir. Découpez un trou dans le dessous, videz-les le plus possible et au moment de servir vous les remplissez d'une printanière liée avec une bonne sauce allemande; puis vous recouvrirez le trou avec le morceau que vous avez enlevé. Les choux doivent être bien croquants.

FRITURE AU GRAND BOULEVARD.

Prenez des carottes, des navets et des choufleurs. Faites-les cuire comme une mirepoix de légumes avec un bon bouquet d'aromates et un assaisonnement convenable. Une fois bien cuit, vous égouttez le beurre et mettez les légumes dans une terrine. Prenez ensuite une demi-livre de pain à mie, passez au beurre un ognon haché avec des fines herbes. Ajoutez-y le pain et mouillez avec un bon consommé jusqu'à faire une panade que vous lierez avec des jaunes d'œufs. Vous mêlerez cette panade dans la terrine avec le même poids de légumes, et lorsque le tout sera bien froid vous en formerez des boules que vous servirez frites comme d'habitude. Vous garnirez les boules avec un bouquet de persil frit et des quarts de citron.

PATÉS OMER-PACHA.

Faites d'abord cuire du riz à la turque; puis ajoutez-y un salpicon de truffes et de langue, mettez le tout dans une terrine pour le faire refroidir. Faites votre fétage, et lorsqu'il sera prêt, vous couperez un fond en demi-lune de la hauteur usuelle. Arrangez-y une portion de votre riz, dorez-le et couvrez-le avec une demi-lune égale. Un quart d'heure avant de servir vous le mettrez au four.

PETITES BOUCHÉES AUX VRAIS AMIS.

Coupez des bouchées plus petites que d'habitude. Coupez aussi une petite tranche de la même pâte moitié moins haute que les bouchées et d'une dimension à pouvoir mettre dessus deux bouchées. Faites-y des trous pour l'empêcher de relever. Ensuite vous la dorerez et placerez les deux bouchées dessus. Faites-les cuire d'une bonne couleur. Vous les viderez comme d'habitude et au moment de servir vous les remplirez, l'une avec des queues d'écrevisses et l'autre avec des truffes, deux autres avec des huîtres et de la langue, et quand vous les aurez remplies toutes, vous les dresserez en pyramide sur un plat et vous les garnirez avec de petites croustades de riz remplies l'une de pointes d'asperges, l'autre de carottes glacées, une autre avec des navets, une autre encore avec des petits pois, et ainsi de suite.

FRITURE A LA STRAUSS.

Prenez une demi-livre de beurre; faites-le fondre dans une casserole; mettez-y cinq onces de farine, et faites cuire en le travaillant trois minutes; retirez du feu et laissez un peu refroidir. Ajoutez six jaunes d'œufs et remettez sur le feu. Faites cuire encore deux minutes. Ajoutez un fort salpicon de champignons et assaisonnez bien. Quand la préparation sera froide, mettez-y un œuf entier, deux jaunes et quatre blancs. Faites-la pocher dans un moule à cylindre et une fois cuite retirez-la du feu. Vous laisserez refroidir dans le moule, après cela vous la couperez comme des pommes de terre à la duchesse, vous la dresserez sur le plat à la serviette. Vous ferez une croustade de pain que vous placerez au milieu de la serviette et vous garnirez la croustade de petits choux de la grosseur d'une balle de fusil.

FRITURE A LA FLEURISTE FLORENTINE.

Vous formerez des petits paniers avec du pain comme on fait les paniers d'oranges à la glace. Vous les ferez cuire d'une belle couleur, et au moment de servir, vous en remplirez quelques-uns avec une jardinière de légumes, d'autres avec un salpicon de truffes ou de champignons, d'autres enfin avec des petites pommes de terre à la cuillère que vous ferez frire. Vous en remplirez aussi avec de tout petits bouquets de choufleurs frits.

LES BATONS A LA PALMERSTON.

Faites un appareil de pommes de terre à la duchesse. Ajoutez-y trois jaunes d'œufs. Après la préparation et lorsque tout est bien froid, vous l'étalerez sur la table à pâtisserie à l'épaisseur d'un demi-centimètre. Coupez des tranches de six centimètres de longueur et trois de largeur; mettez au milieu des stoffines à l'anglaise et couvrez-les avec une autre tranche dorée. Un quart d'heure avant de servir vous les dorerez et les mettrez dans le four. Vous les dresserez ensuite sur une serviette.

COQUILLES A LA BRESLAW.

Prenez de grosses pommes de terre, coupez-les en deux et formez-en des coquilles aussi fines que possible. Vous les ferez cuire dix minutes avant de servir. Vous les remplirez d'une purée de faisans et vous garnirez le dessus avec trois rognons de chapons et au milieu une petite truffe. Vous les glacerez et les servirez telles quelles.

PETITES TIMBALES MADAME.

Prenez de la pâte à brioches ordinaire, vous en garnirez de petits moules à madeleines que vous remplirez avec une purée de volaille à laquelle vous mêlerez quelques rognons de chapons. Vous mettrez des jaunes d'œufs en quantité suffisante et vous les ferez cuire 25 minutes avant de les servir. On peut offrir ces timbales pour entrée en les mettant toujours dans un plat sur une serviette et en présentant avec une sauce allemande au salpicon de truffes.

PETITES BOUCHÉES DES MILLE.

Faites de petites bouchées comme d'habitude, remplissez-les à moitié d'une purée de tomates et remplissez l'autre moitié chacune avec des choses différentes, telles que truffes, champignons, petites carottes glacées, pointes d'asperges, petits pois, et dressez-en une pyramide. Sur la dernière vous placerez une truffe entière. Le plat doit être garni de petites truffes au vin de Champagne.

CROQUETTES AU VIS-A-VIS.

Faites de bonnes croquettes de gibier et de volaille. Vous mettrez dans l'une un salpicon de truffes et dans l'autre un salpicon de champignons. La sauce que vous ferez pour les croquettes de gibier doit avoir le goût du madère, et celle pour les croquettes de volaille, le goût du vin de Champagne. Vous servirez ce hors-d'œuvre dans un plat ovale. Vous ferez un petit socle en pain que vous mettrez au milieu du plat avec une serviette sur laquelle vous formerez une espèce de petite couronne avec des demi-quarts de citron et vous en garnirez le milieu avec une pyramide de persil frit. Vous dresserez, sur les deux côtés opposés du plat, vos deux espèces de croquettes sans les mélanger. Vous distinguerez celles de gibier par une couleur beaucoup plus foncée.

PETITES TIMBALES A LA MAISON DORÉE.

Faites de petites timbales avec de la pâte à braiser, chacune avec un couvercle de la même pâte; à ce couvercle vous adapterez un petit bouton pour pouvoir l'enlever et vous dorerez ce bouton avec de l'or en feuille. Vous placerez aussi quelques boutons du même genre autour des timbales. Vous farcirez de petites mauviettes, et au moment de servir, vous en mettrez une dans chaque timbale que vous saucerez avec une purée de gibier où vous aurez mis un salpicon de truffes hachées le plus fin possible. Servez sur un plat avec une serviette.

PETITS SOUFFLÉS A LA CELLINI.

Faites une purée de canards. Lorsqu'elle sera prête, ajoutez-y un léger arome d'orange et de petites carottes glacées. Vous ferez les soufflés dans de petites caisses en papier en forme de cœur. Au moment de servir, glacez-les et mettez dessus une étoile de langues et une de truffes. Vous les présenterez sur un plat avec une serviette.

PETITS SOUFFLÉS AU DÉSIR.

Faites un appareil de crème de riz avec de bon bouillon de volaille. Mêlez-y des rognons de chapons et des pointes d'asperges; ajoutez un tiers de blancs d'œufs montés un peu moins que d'habitude. Mettez le tout dans des caisses en papier en forme de cœur, glacez-les et mettez dessus une fleur de lis en truffes et blancs d'œufs que vous couperez avec le coupe-pâte.

CROQUETTES A LA SAINTE-BARBE.

Faites un appareil pour croquettes avec une sauce

allemande, filets de sole et truffes et donnez à vos croquettes la forme de petits canons. Vous ferez avec le même appareil des balles trois fois plus grosses que des balles de fusil et vous monterez le tout sur un plat avec une serviette. Faites de petits bouquets en pommes de terre frites que vous placerez au sommet de chaque grosse croquette comme pour représenter des bombes. Placez aussi une de ces bombes avec son bouquet à chaque bout du plat, et entre chaque bombe mettez un demi-citron.

FRITURE DES MAITRES.

Otez les filets d'un faisan, faites une purée avec le reste, ajoutez-y une bonne allemande, faites sauter les filets; coupez-les en petits dés et joignez-les à la purée. Mettez-y la moitié d'un jus de citron, des jaunes d'œufs en quantité suffisante et faites-les pocher dans un moule à cylindre. Laissez refroidir et coupez des tranches de la longueur de 6 centimètres et de la grosseur de 1 centimètre et demi. Touchez-les légèrement dans de la sauce espagnole. Ensuite enveloppez-les dans des truffes hachées très-finement; vous les panerez une fois seulement et les ferez frire d'une bonne couleur. Dressez sur un plat avec une serviette et garnissez de petites bouchées à la reine.

FRITURE DES CUISINIERS.

Faites frire des éperlans, des goujons et des filets

de sole; dressez-les avec une serviette sur un plat que vous garnirez de petits gratins de queues d'écrevisses et d'huîtres. Cette friture doit être servie très-chaude. Vous présenterez des demi-citrons dans un plat séparé.

FRITURE DES MAITRES D'HOTEL.

Prenez des merlans; ôtez-en l'arête sans détacher la tête des filets. Faites une farce de poisson et après l'avoir passée, mettez-la dans une terrine. Ajoutez-y un hachis de légumes et de fines herbes. Vous mettrez à la place de l'arête de chaque merlan une partie de cette farce, mais en petite quantité; refermez les merlans et au moment de les frire, touchez-les dans la farine, puis dans l'œuf, laissez égoutter le plus possible, garnissez le plat avec du persil frit et des quarts de citrons. Mettez dans une saucière du beurre fondu à la maître d'hôtel.

FRITURE COMME IL VOUS PLAIRA.

Faites une friture de toutes les espèces de poissons bons à frire; dressez-la sur un plat, garnissez-la de petits groupes de croquettes de riz avec champignons, et de croquettes de volaille au salpicon de langue et de petits gratins de homards. Vous ferez, en employant les homards, une bonne sauce veloutée à la printanière. Vous servirez à part dans un plat une croustade de pain que vous remplirez avec du persil frit et que vous garnirez de quarts de citrons.

TIMBALES A LA GRENADIÈRE.

Prenez de petits turbots, ôtez-en les filets que vous ferez sauter au beurre. Faites une béchamel dans le même sauté où vous avez fait cuire les filets, coupez en gros dés les filets de turbots et mêlez-les avec la béchamel. Ajoutez-y une certaine quantité d'huîtres et de queues de crevettes. Assaisonnez bien le tout avec une pointe de poivre de Cayenne ; mettez ce qu'il faut de jaunes d'œufs et vous ferez cuire dans des moules à darioles que vous beurrerez et panerez vingt minutes avant de servir. Vous les mettrez sur un plat avec une serviette. Vous servirez dans une saucière une demi-glace aux fines herbes.

DES RELEVÉS.

DES RELEVÉS.

TURBOT A LA LORD BYRON.

Faites bouillir un turbot comme d'habitude et servez-le sans serviette sur un plat d'argent. Mettez à côté de la tête une croustade de pain en forme de vase et remplie de queues d'écrevisses masquées avec une sauce allemande dans laquelle vous mettrez des fines herbes blanchies. Vous garnirez le reste du plat avec des rouleaux de filets de sole farcis, de quenelles de Bar à la Périgord et des coquilles d'huîtres au gratin. Vous saucerez les filets et les quenelles avec de la sauce allemande et glacerez le turbot. Servez le reste de la sauce dans une saucière et mettez dans une casserole d'argent une bonne purée de pommes de terre.

ESTURGEON A L'ARIOSTE.

Préparez et braisez un esturgeon dont vous aurez ôté la tête et la queue que vous remettrez après l'avoir bien enveloppé de lard et bien attaché avec une ficelle. Vous emploierez dans la cuisson deux bouteilles de vin blanc. Celle-ci finie, vous reformerez le poisson et l'arrangerez sur le plat avec un socle de riz. Vous le garnirez avec des filets de sole farcis en rouleaux et des tronçons d'anguilles de la même grosseur cuits selon la règle. Vous ferez encore de grosses quenelles de merlan que vous farcirez d'un salpicon de champignons à l'allemande bien réduit. Vous mettrez aussi douze ou quatorze grosses écrevisses que vous enfilerez autour de la croustade avec de petits attelets où vous passerez aussi une crête de langue et un rouleau de soles. Plantez au milieu de la tête un gros attelet traversant une petite colonne taillée dans une langue et surmontée d'un œuf dur en chapiteau. Faites, enfin, avec de la langue, une petite couronne en forme de laurier et au milieu une truffe avec la lettre A. Préparez une sauce génoise, saucez le plat et versez le reste dans une saucière. Vous servirez dans une casserole en argent, pour accompagner, des huîtres et des queues d'écrevisses à la maître d'hôtel.

SAUMON A LA REGENT-STREET.

Prenez un saumon, nettoyez-le et entaillez-le; mettez-le dans une bonne marinade crue avec deux bouteilles de vin de Champagne. Vous l'y laisserez huit heures bien assaisonné. Beurrez ensuite la grille d'une poissonnière au fond de laquelle vous mettrez des légumes; posez la grille par-dessus, étendez-y le saumon. Mettez le liquide où il aura mariné sur le feu et après cela faites cuire au four le poisson en le mouillant de temps en temps avec son fond. La cuisson achevée, mettez-le dans un plat que vous garnirez de suprêmes d'esturgeon, de bouquets d'huîtres et de queues d'écrevisses liés avec un velouté réduit où vous aurez incorporé le fond du saumon. Sur les deux côtés de la tête du saumon vous placerez deux homards moyens dont vous aurez coupé les queues en tranches. Vous saucerez le plat et vous servirez le reste dans la saucière avec une julienne de carottes, navets, truffes et quelques feuilles de persil et cerfeuil blanchies. Servez aussi une sauce hollandaise dans une seconde saucière. Cette sauce doit avoir un léger fumet de champignons. Vous ornerez le plat de trois attelets garnis. Enfin vous présenterez dans un plat à compartiments trois espèces de pommes de terre : en bonne purée, à la maître d'hôtel et en olives.

ESTURGEON AU GRAND STEAMER.

Nettoyez parfaitement un esturgeon, coupez-lui la tête et la queue et mettez-les de côté, dépouillez-le et coupez-le en tranches de l'épaisseur d'un centimètre et demi; faites passer ces tranches au beurre avec un bon assaisonnement et un bon bouquet. Lorsqu'elles sont cuites, mettez-le sous presse. Cette préparation étant froide, beurrez la grille d'une poissonnière, reformez l'esturgeon et avec une farce de poisson déjà préparée garnissez-lui le dos d'huîtres et de queues d'écrevisses enfoncées dans la farce. Faites cuire l'esturgeon dans la poissonnière avec du beurre assaisonné de deux bouteilles de sauterne.

Alors disposez-le sur le plat; remettez-lui la tête et la queue cuites à part à l'avance; garnissez de quenelles faites au cornet sur un plat à sauter, en forme de pelotes rondes. Faites une farce avec de la chair de poisson et garnissez le milieu des quenelles avec des huîtres et des queues d'écrevisses. Vous fixerez sur la tête de l'esturgeon un attelet que vous aurez orné d'un petit bateau à cheminée, à l'imitation d'un *steamer* fait avec du riz à croustades. Garnissez ce bateau de quelques écrevisses, entre chaque pelote placez une belle écrevisse. Glacez l'esturgeon, saucez les quenelles et la garniture; servez le reste de la sauce dans une saucière et faites circuler une casserole d'argent de grosses truffes sauce au madère.

SOLES A LA DÉMIDOFF.

Prenez de grosses soles, ôtez-en les filets et mettez de côté la tête. Faites sauter les filets et mettez-les sous presse. Quand ils seront froids, vous prendrez une grille de poissonnière et vous reformerez les soles avec une farce de poisson dans laquelle vous mêlerez une certaine quantité d'huîtres. Une fois les soles reformées, vous replacerez aux deux bouts du plat les têtes que vous aurez fait cuire et que vous maintiendrez à la même hauteur que les soles. Faites-les enfin cuire dans la poissonnière avec du vin de Champagne. Disposez-les ensuite sur le plat. Vous les garnirez alentour d'une julienne de truffes coupées carré, de trois centimètres de longueur sur un demi-centimètre de largeur. Posez, autour des truffes, une seconde garniture de petits bouquets de crêtes, foie gras, rognons de chapon, jaunes d'œuf, quenelles de volaille et de champignons. Faites une sauce veloutée où vous ajouterez la cuisson des soles; saucez la garniture, à l'exception des truffes, que vous masquerez avec une espagnole. Glacez vos soles et mettez le reste de la sauce dans une saucière. Vous présenterez, dans une casserole d'argent, des concombres farcis à la ravigote.

TURBOT A L'UNION UNIVERSELLE.

Nettoyez un turbot le plus épais possible; coupez-le tout autour et tout près de la chair. Faites-le cuire, suivant l'habitude, dans de l'eau salée, en ajoutant deux bouteilles de vin blanc. Au moment de servir, vous le mettrez sur le plat sans serviette. Vous garnirez le tour de la tête avec trois bouquets d'écrevisses, dont vous aurez dépouillé la queue. Garnissez le côté droit du plat d'une matelote normande; le côté gauche, d'une printanière trois fois plus copieuse que d'habitude et que vous aurez liée avec une bonne espagnole. Autour de la queue, vous ferez une couronne de tronçons d'anguille cuits sauce matelote au bordeaux. Fixez sur la tête du poisson un attelet orné d'un vase, dont vous taillerez le pied dans une carotte et le corps dans un navet. Vous remplirez ce vase d'un bouquet de persil bien frais. Glacez le turbot avec une glace très-claire. Vous mettrez dans la saucière une sauce allemande. Servez dans une casserole d'argent des quenelles de pommes de terre, que vous saucerez avec la même sauce.

TRUITES AU LAC.

Prenez de très-petites truites, nettoyez-les et faites-les cuire sautées au beurre avec l'assaisonnement nécessaire et un bon bouquet. Un moment avant de les servir, quand elles seront cuites, vous les placerez dans un plat ovale où vous aurez déjà fait une jolie bordure de pommes de terre, devant figurer les rives d'un lac et que vous dorerez avant de la faire sécher au four. Semez sur un morceau de la langue hachée très-fin, et, sur un autre morceau, des truffes également hachées, et laissez, entre les truffes et la langue, un intervalle sans y rien mettre. Quand vous retirerez votre bordure du four, vous placerez dessus quelques brins de persil. Disposez dans la bordure les truites que vous aurez déjà fait sauter et jetez dessus une bonne sauce matelote assez liquide, dans laquelle vous aurez mis des huîtres, des queues d'écrevisses et des filets de soles, coupés en forme de petits poissons de la longueur de cinq centimètres, rappelant autant que possible les truites. Plantez autour de la bordure, de distance en distance et presque droites, des branches de persil figurant des arbres. Vous pourrez aussi, au bas de ces branches, fixer quelques crevettes.

Faisans à la Demidoff.
Page 73.

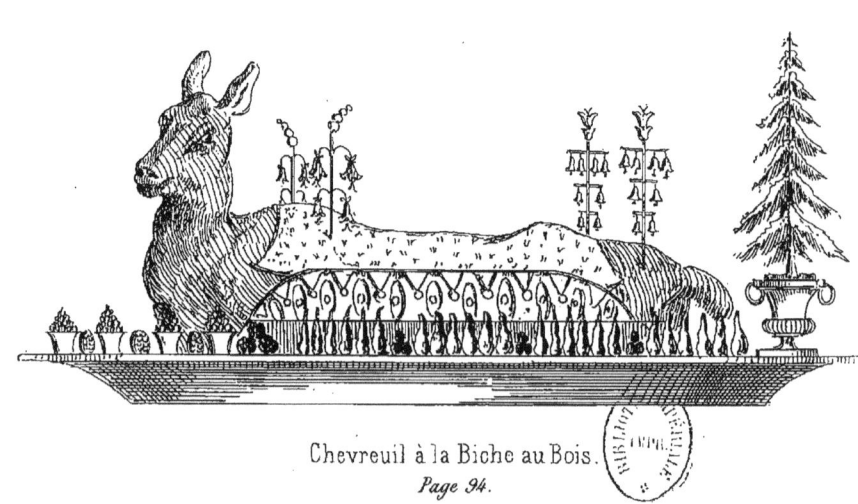

Chevreuil à la Biche au Bois.
Page 94.

MATELOTE A LA BOTANIQUE.

Préparez, pour cette matelote : de l'anguille aux truffes avec une sauce au vin de Bordeaux bien rouge ; des huîtres avec la même sauce ; des queues d'écrevisses avec un velouté que vous tiendrez un peu jaune ; des filets et des quenelles de soles avec une allemande ; plus, des petits ognons avec une demi-glace ; des carottes avec la même sauce ; des queues d'écrevisses ; des navets et champignons avec de l'allemande. Vous mettrez dans les champignons et les navets des fines herbes blanchies ; dans les soles et les quenelles de poisson, des feuilles de persil et de cerfeuil également blanchies.

Vous prendrez un plat ovale où vous formerez, avec un appareil de pommes de terre, 2 bordures. Une, tout près du bord, et l'autre, à 5 centimètres de la première. Vous ferez ensuite, toujours avec le même appareil et en travers du plat, huit séparations, toutes de la même hauteur, à l'exception de la bordure du milieu, qui devra être plus haute de 2 centimètres. Cette disposition faite, vous dorez avec des jaunes d'œufs et vous décorez ainsi qu'il est indiqué à l'article Truites au lac. Au moment de servir, et votre matelote prête, vous placez l'anguille aux truffes dans le puits du milieu ; et dans les huit autres séparations qui sont autour, vous mettrez, dans une du poisson et dans l'autre des légumes, et alternativement ainsi jusqu'à la fin. Vous servirez dans une saucière de la sauce pareille à celle de l'anguille avec quelques morceaux de truffes et, dans une autre saucière, de l'allemande avec quelques petits champignons.

MERLAN A LA SILVIO PELLICO.

Prenez un gros merlan, préparez-le pour le farcir en laissant la tête attachée aux filets. Mettez-le mariner avec du vin blanc pendant six heures et farcissez-le ensuite avec une farce de poisson, que vous mettrez dans une terrine après l'avoir passée et lui avoir donné un très-bon goût. Ajoutez-y ensuite un ognon moyen, que vous aurez bien lavé et passé au beurre à blanc. Donnez un léger goût d'ail et mettez une bonne quantité de fines herbes blanchies. Reformez votre merlan sur une grille à poissonnière; faites-lui, sur le dos, une raie de queues d'écrevisses épluchées et finissez de le garnir, sur les côtés en travers, d'un rang d'écrevisses et d'un rang d'huîtres, et ainsi de suite de la tête à la queue. Vous enfoncerez bien ces garnitures dans la farce pour qu'elles ne se détachent pas. Faites cuire le merlan dans la poissonnière avec le liquide de son marinage, que vous aurez passé, et vous ajouterez un morceau de beurre frais et un bouquet garni. Quand vous l'aurez dressé sur le plat, vous le garnirez de petites timbales faites, avec la même farce, dans des moules à darioles, dont vous aurez décoré le fond avec des truffes et de la langue en forme de grillage; ensuite, vous garnissez le moule, au fond et à l'entrée, de ladite farce et vous remplissez avec des truffes et des champignons en gros dés, masqués avec une sauce. Ceci terminé, recouvrez le moule avec la farce que vous ferez pocher un quart d'heure avant de servir. Vous mettrez entre chaque timbale une belle écrevisse. Vous servirez une sauce veloutée où vous mettrez une printanière de légumes, que vous aurez passés au beurre et fini de cuire avec du bouillon de volaille. Servez le plat avec une demi-glace très-claire. Garnissez la tête d'un attelet avec trois quenelles que vous ferez blanche, verte et rouge.

FAMILLE DES TRUITES RÉUNIES.

Prenez une grosse truite et dix-huit petites. Faites-les cuire toutes comme d'habitude. Placez la grosse au milieu du plat sur une croustade de pain de l'épaisseur de 2 centimètres. Disposez les dix-huit en bouquets de trois chacun s'appuyant debout auprès d'un petit croûton, auquel vous enfilerez un petit attelet où vous aurez mis une truffe dont vous aurez aplati la face en en coupant un morceau. Sur les attelets, écrivez les noms suivants : Vaucluse, Maria-Zell, Carlsbad, Genève, Lucques, Baden. Vous mettrez, sur la tête de la grosse truite, un attelet sur lequel vous écrirez : Lac de Côme. Vous finirez de garnir le plat avec des bouquets en truffes et champignons, que vous couperez en rond de la largeur de 2 centimètres et de l'épaisseur d'un demi-centimètre. Vous mettrez aussi une douzaine de grosses quenelles à la cuillère à bouche, que vous décorerez comme il vous plaira. Faites une sauce génoise, saucez le plat et servez le reste dans une saucière avec des huîtres.

ESTURGEON AUX FLOTTES RÉUNIES.

Prenez un esturgeon de moyenne grosseur. Otez-lui toutes les peaux à l'intérieur et à l'extérieur. Disposez-le de manière qu'il ne reste plus que la tête attachée aux filets, que vous aurez préparés comme les filets de tout autre poisson pour le farcir. Mettez-le mariner, comme d'habitude, avec du vin de Bordeaux pendant cinq ou six heures. Préparez une farce de poisson, que vous aurez parfumée avec une demi-livre de bonnes truffes et du beurre d'anchois. Vous prendrez une grille de poissonnière et vous reformerez l'esturgeon. Décorez-le avec des ronds que vous ferez en truffes, en langue et en blanc d'œuf dur, coupés avec le coupe-pâte de la largeur d'un franc et de la même épaisseur. Vous lui ferez une raie sur le dos avec des queues de grosses écrevisses. Vous le ferez cuire avec le bordeaux dans lequel il aura mariné et vous le dresserez sur une croustade de pain de toute la longueur du plat. Vous garnirez ce plat avec six croûtons de pain, que vous placerez en travers, sur les deux côtés. Vous placerez dessus six queues de langouste, bien parées et coupées en tranches comme d'habitude.

Vous mettrez, à chaque queue, une petite brochette que vous aurez garnie avec une écrevisse en travers. Enfin, finissez d'orner le plat avec des quenelles faites de la même farce que celle de l'esturgeon, que vous décorerez avec truffes et langue en forme de canons et d'ancres. Vous garnirez la tête de deux attelets supportant deux grosses ancres découpées dans une langue, et dont les deux anneaux seront attachés ensemble. Sur ces deux ancres, vous piquerez les drapeaux français et anglais en soie. Glacez l'esturgeon, puis, faites une sauce veloutée, où vous aurez ajouté une partie du fond de cuisson du poisson. Saucez la garniture et servez le reste dans une saucière. Vous présenterez, dans une casserole d'argent, une financière masquée avec la même sauce.

FILETS DE TURBOT AU PRINCE HUMBERT.

Prenez un turbot, ôtez-en les filets. Parez-les comme des filets de volaille. Faites une farce de turbot, à laquelle vous ajouterez un demi-litre de sauce allemande, bien réduite. Finissez la farce et mettez-la dans une terrine. Faites ensuite sauter vos filets et laissez-les égoutter sur une serviette. Faites dans le milieu d'un plat ovale une bordure de pommes de terre, assez grande pour contenir vos filets et les deux tiers de la farce. Vous mettrez, au centre, un croûton de pain, sur lequel vous fixerez un attelet avec le drapeau italien, portant les lettres P. H.

Coupez vos filets en escalope. Placez une couche de farce, une couche d'escalope, et ainsi de suite jusqu'à la fin. Vous dresserez de manière à former un rond. Cela fait, vous dorerez la farce avec du jaune d'œuf et vous mettrez le tout au four, quarante minutes avant de le servir. Vous le couvrirez avec du papier, pour qu'il ne prenne pas couleur. Quelques minutes avant de servir, vous le retirez du four pour le garnir avec des demi-lunes blanches, rouges et vertes, que vous aurez faites avec la farce qui vous restera. Les vertes avec des épinards, les blanches avec la farce naturelle et les rouges avec la farce où vous aurez mêlé un fort beurre d'écrevisses. Cette garniture devra être arrangée en travers de la bordure de pommes de terre, mais en dedans. Entre le poisson et la garniture, vous ferez une bordure en couronne avec des ronds de la grandeur d'une pièce de 2 francs que vous confectionnerez avec la farce. Vous mettrez quatre croustades, que vous placerez une à chaque bout du plat et les deux autres sur les côtés. Vous remplirez vos croustades, une de filets de soles à la normande, une d'huîtres à la maître d'hôtel, une de petites quenelles aux truffes et la quatrième de queues d'écrevisses aux champignons. Vous garnirez les quatre vides qui existeront entre les croustades avec des pointes d'asperges, des carottes glacées, des petits ognons glacés et des petits pois à la française. Vous saucerez la garniture avec une demi-glace et vous servirez le reste dans une saucière.

FAISANS A LA DÉMIDOFF.

Prenez des faisans, préparez-les comme pour les braiser. Piquez-les et disposez-les dans une casserole. Vous ferez la même chose avec un filet de bœuf. Au moment de servir, vous disposerez le filet de bœuf dans le milieu du plat avec une croustade. Vous mettrez à chaque bout du plat un faisan avec la partie postérieure relevée. Vous placerez une croustade, mais pas trop haute, en face de chaque faisan. Vous garnirez les deux côtés du filet avec des cailles braisées contenues dans de petites croustades de pain. Remplissez ensuite les croustades qui se trouvent en face des faisans avec des rognons de chapons et des truffes de la même grosseur que vous lierez avec une bonne espagnole. Garnissez le tour du plat avec de grosses quenelles de gibier ou de volaille décorées et des truffes le plus grosses possible. Ajoutez aussi, çà et là, des petits rognons. Faites une sauce espagnole au madère que vous servirez dans une saucière. Vous saucerez le plat avec une bonne demi-glace colorée. Au milieu des deux croustades qui se trouvent en face des faisans, vous mettrez deux attelets que vous ornerez avec une belle crête, un œuf dur et une belle truffe. Vous mettrez sur les œufs des deux attelets un A et un D que vous ferez avec une truffe. Vous fixerez un attelet au milieu du filet. Vous commencerez par le garnir avec un œuf que vous aurez façonné en forme de couronne et une grosse truffe que vous aurez aplatie des deux côtés et sur lesquelles vous placerez un P et un D faits avec du blanc d'œuf. Vous servirez, dans un plat à compartiments, des carottes glacées, des cardons à la moëlle et des choufleurs naturels.

CULOTTE DE BŒUF A LA DANTE ALIGHIERI.

Prenez une culotte de bœuf, faites-la bouillir; retirez-la quand elle est à moitié cuite, laissez-la refroidir une heure et parez-la ensuite le mieux possible. Mettez-la dans une braisière avec un fond de jambon cru et des légumes selon l'habitude. Assaisonnez de sel, poivre de Cayenne, noix muscade et un fort bouquet d'herbes sèches. Couvrez à moitié de bon bouillon naturel et d'une bouteille de vin blanc. Lors de l'ébullition mettez au four en couvrant d'un papier double et finissez de faire cuire. Retirez, et sans plus y toucher, servez dans un plat d'argent. Faites de petites timbales dans des moules à darioles avec du riz à l'italienne et des croustades de pain de la même grandeur que vous garnirez de moëlle en gros dés chauffée à la glace. Assaisonnez de sel, poivre et noix muscade. Servez dans un plat une timbale de choux blancs naturelle que vous ferez cuire comme une chartreuse de perdreaux dans un moule à charlotte. Vous passerez le fond de la cuisson, vous y ajouterez un peu d'espagnole. Vous lui donnerez un goût agréable, vous saucerez le plat et vous servirez le reste dans une saucière.

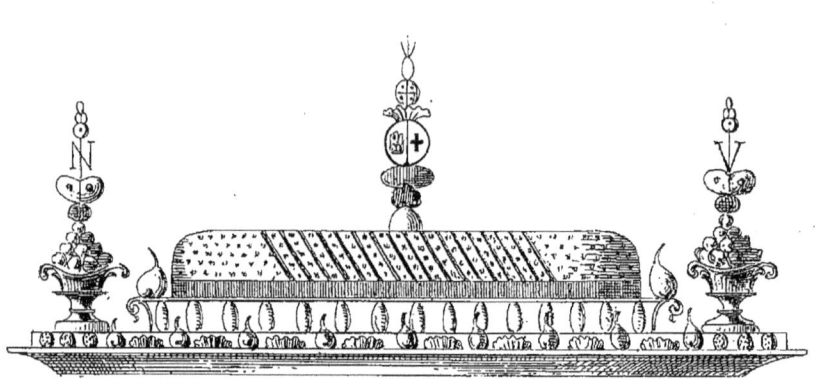

Filet de Bœuf au nouveau règne.
Page 80.

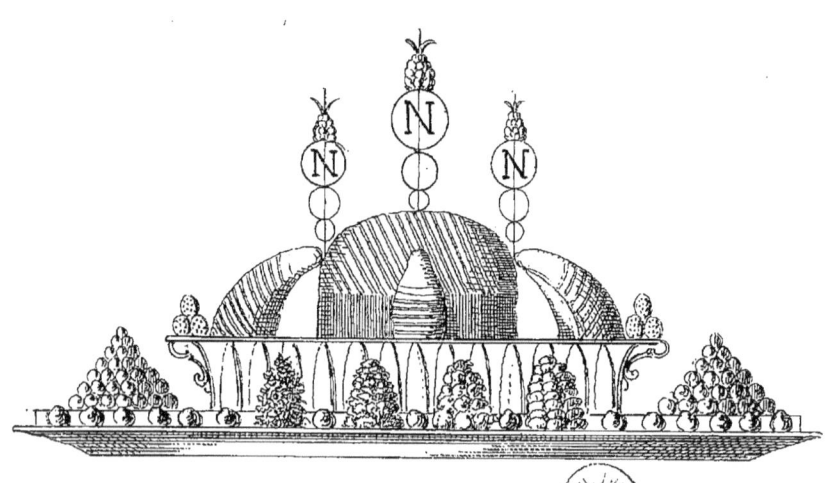

Pièce de Bœuf à la Napoléon III.
Page 75.

CULOTTE DE BŒUF A LA NAPOLÉON Ier.

Prenez une culotte de bœuf que vous ferez bouillir au naturel en mettant dans le pot, aux trois quarts de la cuisson, un gros dindonneau. Vous servirez les deux pièces séparément. Vous garnirez le dindonneau de riz à la milanaise dans lequel vous aurez mis une certaine quantité de champignons et que vous aurez fait cuire à l'étouffée. Garnissez le bœuf avec une purée de pommes de terre faite avec du lard et dans laquelle vous aurez fait bouillir d'avance une certaine quantité de thym. Faites blanchir des brocolis et sautez-les à l'huile en leur donnant un petit goût d'ail. Vous servirez dans une saucière une purée de poireaux que vous ferez avec une bonne allemande. Cette purée doit être épaisse comme une soubise. Vous ne mettrez dans le plat qu'un peu du bouillon où vous aurez cuit le bœuf et le dindonneau.

PIÈCE DE BŒUF A LA NAPOLÉON III.

Prenez une culotte de bœuf, faites-la braiser avec un fond pas trop fort qui soit cuit depuis vingt minutes. Vous placerez la pièce sur un plat avec une croustade de pain de la hauteur de 6 centimètres. Vous la garnirez avec quatre petites langues de bœuf placées en regard. Vous piquerez sur la pointe de chaque langue un attelet qui doit pénétrer toute la croustade. Chacun de ces attelets doit porter deux grosses truffes aplaties du côté extérieur où vous fixerez une lettre N taillée dans du blanc d'œuf et le plus grande possible. Dans les intervalles qui séparent les quatre langues vous placerez : 1° des poulets sautés aux petites carottes; 2° des ris d'agneau aux petits pois; 3° des canetons aux olives; et 4° des quenelles de faisans aux truffes. Vous garnirez tout le tour du plat avec des ognons glacés que vous dresserez en couronne. La sauce doit être une demiglace naturelle. Vous présenterez dans une casserole d'argent une purée de fonds d'artichauts d'un bon goût.

FILET DE BŒUF A LA CONFORTABLE.

Prenez un bon filet de bœuf; parez-le comme pour le piquer : assaisonnez-le avec tous les aromates possibles. Prenez de la graisse de bœuf dans la partie du rognon, coupez-en de longues tranches de l'épaisseur d'un centimètre, entourez-en complétement le filet. Faites de même avec de grosses bardes de lard à piquer; ficelez le tout et placez-le dans une braisière avec un bon fond. Vous mettrez dedans une bouteille de champagne avec un litre de bon bouillon. Vous le ferez partir sur le feu et ensuite mettezle au four, où il devra cuire doucement, puisque son liquide sera suffisant pour compléter sa cuisson. Dix minutes avant de servir vous le retirez de la casserole et le placez sur une plaque que vous mettrez au four pour lui donner une belle couleur. Glacez de temps en temps. Préparez de la chicorée à la crème et mettez-la dans une terrine ; ajoutez-y une forte julienne de champignons, langue et truffes. Mettez-y des jaunes d'œufs en quantité suffisante et faites pocher dans des moules à darioles. Ce sera la garniture du plat. Saucez-le avec une bonne demi-glace au fumet de champignons. Vous mettrez dans une casserole d'argent de petites pommes de terre à la cuillère de la grosseur d'une balle de fusil et que vous ferez sauter dans du beurre.

GIGOT DE MOUTON A LA JEAN-JACQUES ROUSSEAU.

Prenez un bon gigot de mouton, parez-le comme d'habitude. Mettez-le dans une braisière, couvrez-le avec un bouillon de veau ; mettez dedans huit gros ognons, quatre carottes, huit navets, un gros bouquet, 2 quarts d'ail, deux têtes de céleri. Dans les ognons vous piquerez huit clous de girofle, salez en proportion et mettez le tout ensemble sur le feu. Une fois bien écumé, mettez-le au coin du fourneau et faites bouillir tout doucement pendant six heures. Le gigot étant cuit, retirez tous les légumes, excepté le bouquet, et mettez-les sur un plat. Prenez vingt-quatre noix, ôtez-en la peau et pilez-les au mortier. Quand elles seront bien pilées, vous y joindrez, peu à peu, tous les légumes, et quand tout sera convenablement mêlé, passez à l'étamine. Ajoutez ensuite de la purée de pommes de terre, le quart à peu près. Faites réduire un verre de vinaigre un peu plus qu'à moitié, mêlez-le aussi avec votre purée, ajoutez encore une cuillerée à bouche de moutarde à la ravigote, autant de moutarde anglaise; donnez un goût agréable, et servez dans une casserole d'argent. Le gigot tout naturel doit être servi sur un plat avec un peu de son bouillon.

POULARDES A LA DAME AUX CAMÉLIAS.

Braisez quatre poulardes comme d'habitude; faites dans le plat une croustade en forme de croix de la hauteur de 6 centimètres et les branches de la croix larges de 4 centimètres. Placez au milieu de la croix une autre croustade en forme de vase. Dressez les quatre poulardes dans les quatre angles de la croix avec la partie postérieure relevée. Vous piquerez sur le derrière de chaque poularde un attelet orné de petits vases que vous ferez, deux avec des carottes et deux avec des betteraves; vous couvrirez auparavant tout l'attelet avec un bouquet de choufleurs, et les vases terminés, vous garnirez le plat avec des truffes et des champignons tournés avec le couteau. Vous ferez ensuite, dans des moules à madeleines, une purée de carottes que vous mêlerez avec un peu de bonne espagnole et des jaunes d'œufs pochés et les ajouterez au plat. Faites un bon velouté avec une partie duquel vous saucerez le plat et vous servirez le reste dans une saucière. La croustade qui se trouve dans le milieu du plat devra être ornée de camélias faits avec des navets seule-

N.º 7.

Selle de Sanglier à la Gérard.
Page 98.

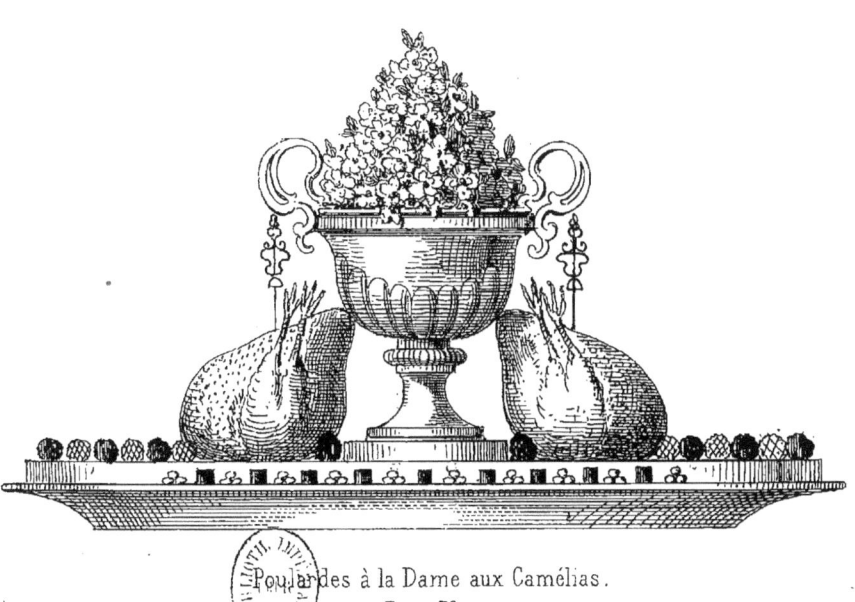

Poulardes à la Dame aux Camélias.
Page 78.

Paris. Imp. A.ᵗᵉ Bry.

ment, et celle du haut avec des camélias faits avec des carottes. Vous ferez des quenelles de volaille au cornet que vous servirez dans une casserole d'argent avec une demi-glace très-claire. Ces quenelles doivent être de différentes formes.

DINDONNEAU A LA PAIX EUROPÉENNE.

Vous farcirez un dindonneau avec une farce de noix de veau, foies de poulets et une panade au riz, un tiers de jambon cru avec la moitié de son gras, et une certaine quantité de truffes. Assaisonnez et mettez les jaunes d'œufs nécessaires, ajoutez-y un peu de madère. Votre dindonneau étant farci, faites-le cuire dans un bon bouillon. Quand vous le servirez, mettez-le sur une croustade que vous aurez déjà disposée sur un plat, et puis vous le garnirez. Faites cuire comme d'habitude une tête de veau et quatre oreilles. Coupez en morceaux carrés et placez les quatre oreilles en regard, chacune dans un croûton de pain. Vous mettrez autour de celles qui sont aux deux extrémités du plat huit côtelettes de mouton que vous aurez fait griller dix minutes avant de servir, et autour des oreilles qui sont sur les côtés du plat, vous mettrez des suprêmes de volaille garnis de crêtes, de langues et de truffes. Vous disposerez les morceaux de la tête à côté des suprêmes. Sur les quatre oreilles vous piquerez quatre attelets ornés avec une crête de chapon, une belle truffe et un gros rond de langue. Vous garnirez les parties qui restent vides autour du dindonneau de petits attelets avec une seule truffe à chacun, et ces truffes, décorées, si c'est possible, des couleurs des grandes puissances européennes. Les quatre gros attelets des oreilles doivent représenter la France, l'Angleterre, la Russie et l'Italie. Faites une sauce espagnole au madère avec une partie de laquelle vous saucerez le plat et servez le reste dans une saucière avec des rognons de chapons et des truffes de la même grosseur. Mettez dans une casserole en argent une macédoine de légumes que vous ferez à la cuillère, deux fois plus gros que d'habitude.

FILET DE BŒUF AU NOUVEAU RÈGNE.

Prenez un filet de bœuf, clouez-le avec du jambon cru et piquez-le; faites-le ensuite mariner pendant vingt-quatre heures avec beaucoup de légumes frais et secs. Ajoutez-y une bouteille de madère et vous le ferez cuire dans cette même marinade. Avant qu'il soit tout à fait cuit, ajoutez encore une bouteille de vin blanc. Mettez-le dans un plat ovale, et dressez à chaque bout du plat une croustade, et un socle, en croustade au milieu du plat, sur lequel vous placerez le filet. Garnissez vos deux croustades, l'une avec des mauviettes farcies et l'autre avec des quenelles de volaille aux truffes. Vous ferez des croquettes de riz au salpicon de langue et champignons en forme de poires. Faites glacer de gros ognons dont vous garnirez le plat et placez sur chacun d'eux une de vos croquettes, puis entre chaque ognon, mettez une grosse crête de chapon. Vous finirez de remplir le plat avec six ou huit ris de veau piqués. Passez le fond du filet, dégraissez et ajoutez un peu d'espagnole. Saucez ensuite le plat et servez le reste dans la saucière avec une printanière de légumes. Vous placerez dans un plat à compartiments des macaronis à l'italienne, des concombres farcis et des choufleurs naturels. Vous ornerez le filet de trois attelets; sur celui du milieu vous figurerez, sur une grosse truffe avec du blanc d'œuf, les armes de France et d'Italie; les deux autres, que vous placerez au milieu des deux croustades, porteront, l'un une grosse lettre N et l'autre un V, que vous découperez avec de la langue et vous finirez de décorer vos attelets suivant votre fantaisie.

OIE A LA DON CARLOS.

Désossez une oie et enlevez tout le maigre, pour le faire mariner ainsi qu'il va être dit; ensuite prenez un filet de bœuf, parez-le et coupez-le en longues tranches de la longueur de l'oie et de la largeur de 2 centimètres. Mettez-le mariner comme le maigre, avec sel, poivre de Cayenne, noix muscade, quelques morceaux de peau d'orange et du madère. Laissez mariner six heures. Faites une farce composée du restant de ce filet, du maigre de l'oie, avec un tiers de gras de jambon cru. Assaisonnez suivant la règle et joignez des jaunes d'œufs en quantité suffisante. Mettez cette farce dans une terrine pour la travailler. Ajoutez-y une cuillerée de zeste d'orange haché très-menu et blanchi. Mêlez-y des truffes et quelques pistaches. Farcissez l'oie, enveloppez-la d'une serviette et faites-la cuire dans un fond que vous aurez déjà préparé. Lorsqu'elle sera cuite, vous la retirerez et l'envelopperez de nouveau pour la mettre sous presse une demi-heure avant de la servir. Vous préparerez une sauce espagnole dans laquelle vous mettrez des champignons et des truffes que vous couperez en rond avec le coupe-pâte de la largeur d'un centimètre. Vous garnirez le plat de têtes de céleri, de fonds d'artichauts et de quenelles de pommes de terre où vous aurez incorporé une julienne de légumes. Présentez, dans une casserole d'argent, une financière liée avec une bonne espagnole.

CULOTTE DE BŒUF AU COMTE SONNINO.

Prenez une culotte de bœuf, que vous parerez; vous la mettrez ensuite dans une terrine avec un peu de sel, noix muscade et poivre, 2 feuilles de laurier et deux quarts d'ail; ajoutez deux bouteilles de bordeaux ou de vin naturel. Laissez mariner dix heures, faites cuire avec la marinade dans une marmite de terre. Après l'ébullition, placez la marmite dans un endroit où elle puisse bouillir doucement, afin que son liquide opère sa cuisson complète. La pièce cuite, servez-la au naturel, garnie de grosses carottes, navets et ognons glacés, et de petites timbales d'épinards. Vous passerez ensuite son fond bien dégraissé, vous en saucerez le bœuf et vous servirez le reste dans une saucière. Vous mettrez, dans une casserole d'argent, du riz à la turque, cuit dans un bon jus, afin qu'il soit bien coloré. Vous décorerez le riz avec des crêtes de langue et des filets de volaille sautés au beurre.

RABLE DE RENNE A LA FRANKLIN.

Vous piquerez votre râble comme d'habitude; faites ensuite une marinade avec tous les aromates possibles, et faites-la cuire, comme un mirepoix, avec trois bouteilles de vin blanc, une de madère et un verre de kirsch. La cuisson achevée, assaisonnez de poivre en grain, clous de girofle, sel, noix muscade et une pointe de poivre de Cayenne. Vous la jetez sur le râble et vous le laissez mariner vingt-quatre heures. Ensuite, vous le faites cuire, avec sa marinade, dans une grande braisière, comme d'habitude. Au moment de le servir, retirez-le de la braisière, dégraissez le fond et ajoutez-y un quart de litre de crème aigre; passez dans une terrine, pilez tous vos légumes au mortier, mêlez-y le fond peu à peu; passez le tout dans une étamine de laine, et donnez-lui un bon goût. Saucez le râble avec une partie et servez le reste dans une saucière. Vous garnirez le plat avec des suprêmes de gelinottes. Aux quatre coins du râble, élevez quatre pyramides de gros ognons glacés; complétez votre garniture par des concombres farcis avec une farce de gelinotes (1); après avoir passé la farce, ajoutez-y deux cuillères à bouche de câpres hachées très-fines. Vous servirez, dans une casserole d'argent, de la bonne choucroute.

HURE DE SANGLIER A LA TURCO.

Nettoyez et préparez la hure d'un jeune sanglier, que vous ferez mariner dans du madère, et composez une farce ainsi qu'il suit : un tiers de maigre de porc frais, un tiers de filet de bœuf et un tiers de filets de canard sauvage. Vous ajouterez du lard de jambon cru en proportion et quelques jaunes d'œufs. Assaisonnez très-piquant. Cette farce étant bien pilée, vous la mettrez dans une terrine; vous ajouterez vingt-quatre petits cornichons au vinaigre et douze ou quatorze truffes le plus grosses possible, et mêlez le tout ensemble. Otez alors la hure de sa marinade et séchez l'extérieur avec une serviette. Vous dorerez cette partie avec de l'œuf battu au beurre fondu. Remplissez la tête avec la farce, cousez-la très-serré dans un linge. Faites cuire ainsi dans un bon bouillon préparé à l'avance, et que vous mêlerez avec la marinade. Vingt minutes avant de servir, vous retirez la hure et vous la reformez à la

---

(1) Le renne est un animal du genre du cerf, que l'on ne trouve que dans les régions septentrionales de la Russie. La gelinote est un gallinacé de l'extrême nord. Dans la recette ci-dessus, le râble de renne peut être remplacé par un râble de chevreuil et le canard sauvage peut suppléer à la gelinote.

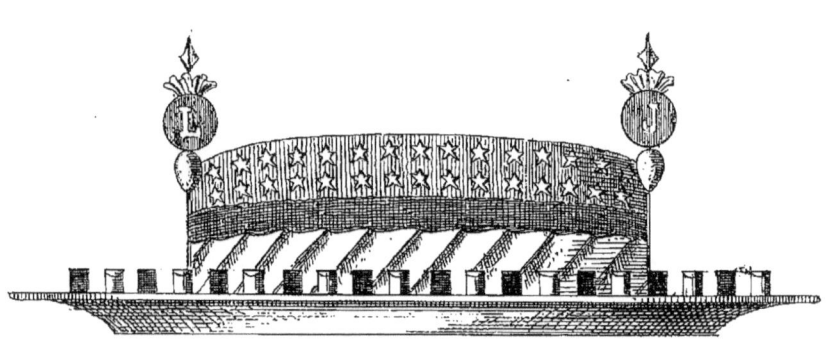

Longe de Veau à la Nouvelle-Amérique.
Page 85.

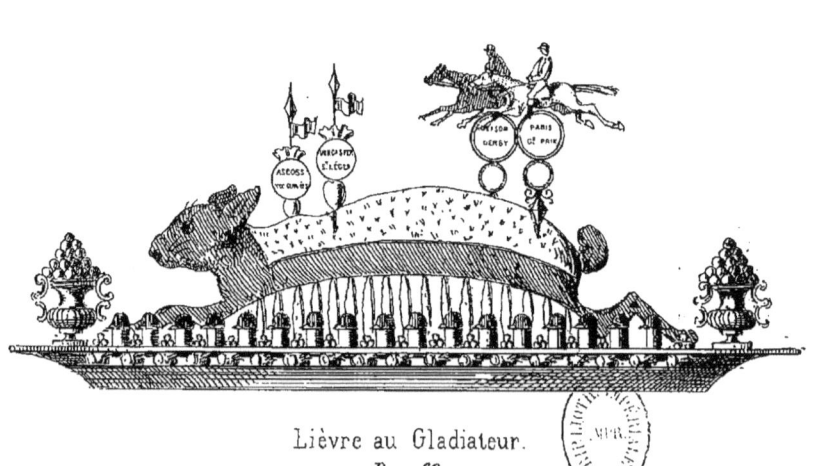

Lièvre au Gladiateur.
Page 89.

presse. On garnit ce relevé avec des timbales de choucroute cuite d'un bon goût, égouttée dans une passoire et placée ensuite dans des moules à darioles bien beurrés. Lorsqu'elles seront bien formées, taillez de petites croustades de pain en forme de verre à pied, que vous remplirez de câpres fines liées avec un peu d'espagnole aux fines herbes. Vous compléterez ces croustades avec des tranches de petits cornichons. Glacez le plat et le saucez avec une bonne glace. Servez une sauce poivrade, et vous mettrez, dans une casserole d'argent, une purée d'ognons très-soignée.

LONGE DE VEAU A LA NOUVELLE-AMÉRIQUE.

Vous prendrez une longe de veau bien parée et bien assaisonnée. Vous lui donnerez une forme plate et l'entourerez de bardes de lard à piquer, attachées bien serré avec de la ficelle. Mettez-la ensuite dans une grande terrine avec un mirepoix ou une bouteille de xérès et une de vin blanc. Laissez-la ainsi vingt-quatre heures. Faites cuire alors sur un bon fond où vous mettrez toute la marinade. Trois heures avant de servir, retirez la longe et la mettez sous presse une demi-heure. Enlevez de la chair de façon à creuser une espèce de boîte dont les murailles n'auraient que deux centimètres d'épaisseur; dans le morceau de chair que vous avez enlevé, coupez des tranches minces d'un demi-centimètre. Préparez une sauce avec le fond, dans lequel vous mettrez une certaine quantité de tranches de truffes; cette sauce doit être très-épaisse, comme une béchamel. Étendez dans la longe creusée une couche de cette sauce et une couche de tranches de veau, alternativement, autant qu'elle en peut contenir; en dernier, vous la recouvrirez de sauce que vous dorerez avec de l'œuf battu au beurre fondu, et vous y mettrez un salpicon de truffes bien hachées. Trois quarts d'heure avant de servir, passez au four léger avec une feuille bien beurrée. Au moment même de servir, glacez bien et disposez élégamment, sur votre pièce, trente-six petites étoiles enlevées au coupe-pâte dans une grosse quenelle de volaille préalablement coupée en tranches. Garnissez ce relevé avec des ronds de concombres glacés, de trois centimètres de largeur. Faites de petites timbales de pommes de terre à la maître d'hôtel, pour finir de garnir le plat. Vous servirez à part une demi-glace au salpicon de truffes. Mettez dans une casserole d'argent de la chicorée à la crème, autour de laquelle vous placerez des quenelles de volaille à la cuillère à bouche. Surmontez enfin la pièce de deux attelets ornés d'une crête et d'une truffe, où vous écrirez avec du blanc d'œuf, dans l'une le mot « *Nord* », et dans l'autre, le mot « *Sud* ».

ÉPAULES D'AGNEAU A LA LORD VERNON.

Prenez deux épaules d'agneau, désossez et parez-les le mieux possible. Vous les ouvrirez du côté où vous aurez ôté l'os et vous les farcirez avec une estoffine à l'anglaise, que vous ferez un peu plus ferme que d'habitude. Vous les briderez le mieux possible et vous les ferez braiser avec toutes les parures que vous aurez faites. Vous les assaisonnerez et masquerez de légumes à l'ordinaire. Puis, mettez sur un plat avec une croustade de pain et garnissez le plat de cailles farcies, suivant la méthode usuelle, et que vous placerez sur les flancs, à côté de papillotes que vous rapprocherez des épaules. Complétez la longueur du plat par de petites timbales à la soubise. Faites une demi-glace dans laquelle vous mettrez une pointe de poivre de Cayenne, et vous servez, dans une casserole d'argent, une bonne purée de pommes de terre.

GIGOT DE MOUTON A LA LORD BREGHR.

Prenez un gros gigot de mouton rassis. Faites-le cuire cinq heures dans un bouillon blanc et joignez-y ensuite un beau dindonneau. Quand celui-ci sera cuit, retirez séparément les deux pièces. Passez un ognon dans une demi-livre de beurre; ajoutez-y quatre onces de farine et faites cuire deux ou trois minutes; ajoutez un demi-litre de bonne crème, que vous ferez cuire aussi trois minutes; ajoutez huit jaunes d'œufs et une demi-livre de langue coupée en dés. Vous ferez ensuite, avec une demi-livre de pain à mie, de petits croûtons que vous passerez au beurre. Faites la même chose avec une demi-livre de poitrine; mêlez le tout avec l'appareil, assaisonnez bien; faites des quenelles en forme de bouchons, et vous en garnirez le dindonneau. Accompagnez le gigot d'une purée de navets, dans laquelle vous mettrez des fines herbes, liées avec des jaunes d'œufs et pochées dans des moules à tartelettes. Vous servirez deux sauces : une, de pain au lait avec du persil blanchi et haché; l'autre, au beurre avec de petits cornichons coupés en julienne.

CHAPONS A LA DON PÉDRO II.

Prenez deux chapons et préparez-les pour les braiser. Vous leur ferez prendre couleur dans une casserole et les assaisonnerez avec toutes sortes d'aromates. Cela fait, vous ajouterez carottes, navets, épluchures de truffes, champignons et quelques morceaux de jambon cru. Un quart d'heure avant de retirer du feu, placez vos chapons sur un plat, garnissez-les avec des saucisses et des timbales de tapioca. Dans une sauce veloutée, que vous aurez déjà préparée, vous mêlerez une partie du fond des chapons; vous en saucerez la garniture. Glacez les chapons. Servez le reste dans une saucière. Vous mettrez dans un plat une timbale de riz, que vous remplirez avec une financière. Vous formerez la timbale avec un riz assez ferme, sans la faire pocher.

ROSBEEF A LA NOUVELLE-ZÉLANDE.

Prenez un rosbeef de bonne qualité, donnez-lui

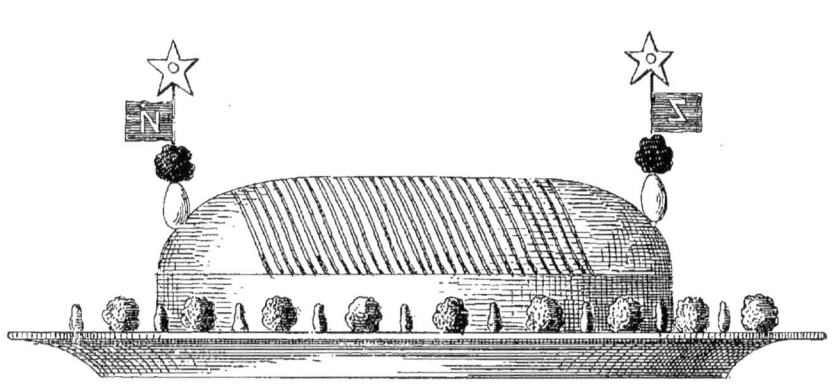

Rosbeef à la Nouvelle-Zélande.
Page 88.

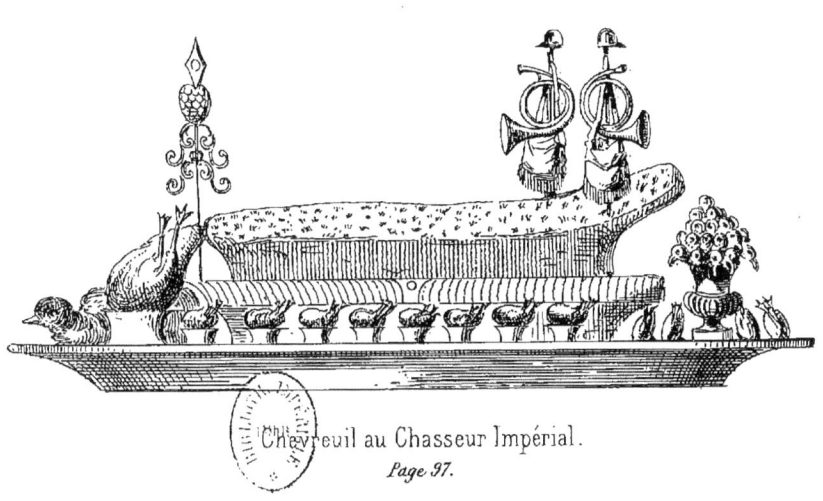

Chevreuil au Chasseur Impérial.
Page 97.

autant que possible une forme ronde. Otez la peau du filet et piquez-le en travers avec du lard coupé deux fois plus gros que d'habitude. Assaisonnez ensuite avec sel, noix muscade et quelques feuilles de laurier. Couvrez la pièce de grosses bardes de lard, enveloppez-la soigneusement de papier d'office, et faites cuire au four. Vous garnirez votre rosbeef de tomates, farcies d'une panade de pain bien assaisonnée avec une pointe de poivre de Cayenne, et où il entrera de la moëlle, de la langue et des champignons coupés. Les champignons doivent être cuits d'avance. Ajoutez la quantité suffisante de jaunes d'œufs et farcissez vos tomates. Vous servirez deux sauces : l'une, avec du raifort où vous mettrez des fines herbes blanchies et du vinaigre à l'estragon; l'autre sauce sera une demi-glace avec des truffes coupées en julienne. Servez, dans une casserole, une flamme que vous ferez de la manière suivante : Faites blanchir huit gros ognons, égouttez-les et passez-les au beurre peu colorés. Mettez quelques pommes de terre blanchies et finissez de cuire avec un bon bouillon blanc et un bouquet garni. La préparation cuite, retirez le bouquet, passez au tamis et donnez-lui un bon goût. Mettez enfin une certaine quantité de petites carottes glacées, les œufs nécessaires, et finissez ainsi votre flamme.

LIÈVRE AU GLADIATEUR.

Prenez un beau lièvre, parez-le bien, laissez-lui

les quatre pattes, piquez-le le plus serré possible. Disposez les oreilles très-droites en avant et les pattes étendues comme s'il courait. Mettez-le dans une marinade ordinaire un jour d'avance. Ajoutez-y une bouteille de vin de Champagne et une bouteille de vin de Xérès, et faites cuire votre lièvre dans une braisière avec sa marinade bien assaisonnée. Servez sur un plat d'argent où vous aurez préparé une croustade de pain, qui doit remplacer le ventre du lièvre, c'est-à-dire que celui-ci étant placé dans l'attitude naturelle, la croustade doit être assez haute pour que le lièvre paraisse presque debout. Vous couperez toute la chair que vous replacerez hermétiquement. Vous le garnirez avec de petites mauviettes farcies, dont vous aurez désossé la partie antérieure, et que vous placerez dans de petites croustades de pain. Faites aussi de petites pyramides d'ognons, placées également sur une croustade. Faites encore de petits socles de navets, ornés en dessus d'une casquette de jockey, découpée en carottes et en betteraves, et vous en garnirez votre plat. Ajoutez, enfin, une certaine quantité de quenelles de gibier décorées. Vous surmonterez le lièvre de cinq attelets. Vous en planterez un au milieu de la tête, que vous ornerez d'une crête et de deux grosses truffes sur lesquelles vous ferez, avec du blanc d'œuf dur, les deux lettres G L. Vous en fixerez deux autres dans les oreilles, et sur l'une des truffes vous inscrirez Epsom, et sur l'autre Paris.

Sur les deux derniers attelets que vous placerez sur les cuisses, vous écrirez Ascott et Doncaster. Vous ferez une bonne sauce espagnole, dans laquelle vous ajouterez une quantité suffisante du fond du lièvre; vous saucerez le plat. Passez le fond après l'avoir bien dégraissé et servez dans une saucière. Présentez une certaine quantité de truffes le plus grosses possible, servies en pyramide sur un plat avec une serviette.

FILET DE BŒUF A LA BOUCANIÈRE.

Prenez un filet de bœuf, le plus gros possible, parez-le bien et clouez-le avec de la langue, du jambon, de la poitrine et des truffes. Ainsi préparé, laissez-le mariner pendant quarante-huit heures avec trois bouteilles de vin blanc et un verre de liqueur, thym, ognons, carottes, navets, tous les aromates possibles, enfin bien assaisonné. Faites braiser dans toute la marinade et tomber tout à fait à glace. Mouillez ensuite avec de bon bouillon et finissez de cuire. Vous ajouterez une certaine quantité de jambon cru et des épluchures de truffes et de champignons. Vous garnirez votre filet de laitues farcies, de petites timbales d'épinards, de pommes de terre et de chicorée. Vous ferez, avec le fond, une sauce que vous lierez avec un roux de farine. Saucez le plat et mettez le reste dans une saucière. Vous servirez, dans une casserole d'argent, de grosses truffes coupées en tranches, comme cela se pratique pour les truffes de Piémont.

FILET DE BŒUF A LA COSTABILI.

Prenez un filet et faites-le mariner comme d'habitude, et ajoutez en plus une bouteille de xérès. Faites braiser dans la marinade et, une fois tombé à glace, mouillez avec du bouillon blanc. Dressez sur une croustade de pain. Aux deux bouts du plat, mettez deux jolies croustades, garnies l'une avec un salmis de bécasses aux champignons et l'autre de poulets sautés aux truffes. Vous garnirez le reste du plat d'une garniture flamande, que vous placerez tout à côté de la croustade, et vous ferez, sur les bords du plat, une couronne de concombres farcis avec de petites citrouilles (*zucchini*) de bon goût. Préparez une bonne demi-glace, dans laquelle vous incorporez une partie du fond du filet. Surmontez la pièce de trois attelets, dont un à chaque extrémité du filet avec une crête et une petite langue de veau, que vous disposerez de manière qu'elle puisse être découpée et servie. Vous mettrez, sur l'attelet du milieu, une belle crête et une grosse truffe, coupée carrément et, dans chaque carré, les armes des Costabili. Vous placerez, sous la truffe, trois petites langues de veaux, ayant pour socle un joli croûton de pain frit. Vous n'avez pas besoin de couper les trois langues. Vous les décorerez avec truffes et blancs d'œufs, ainsi que le tour du croûton de support. Servez, dans une casserole d'argent, une bonne quantité de rognons de chapons avec des truffes de la même grosseur, le tout mêlé avec la sauce.

COCHON DE LAIT A LA WASHINGTON.

Prenez un cochon de lait, préparez-le comme à l'ordinaire, enlevez tout l'intérieur depuis les cuisses jusqu'aux épaules, excepté la peau. Faites une farce de veau que vous passerez et mettrez dans une terrine. Ayez vingt-quatre mauviettes farcies cuites à l'avance; taillez vingt-quatre truffes en forme de bouchons; ajoutez douze bouchons pareils de langue et mettez le tout avec la farce, que vous aurez assaisonnée d'un très-bon goût; farcissez-en votre cochon de lait et cuisez selon l'usage. Quand vous le servirez, il doit être coupé comme une galantine froide. Vous le mettrez sous presse vingt minutes avant de le couper. Vous le dresserez sur le plat avec un socle de pain proportionné. Vous le garnirez de truffes non épluchées et de petites timbales faites avec une bonne sauce allemande bien réduite, dans laquelle vous aurez mis une printanière bien assaisonnée et de gros champignons tournés. Vous ferez une sauce espagnole avec une pointe de poivre de Cayenne. Servez dans une casserole d'argent une soubise que vous garnirez avec des ognons glacés.

JAMBON A LA REINE VICTORIA.

Prenez un jambon de premier choix, préparez-le et faites-le cuire comme d'habitude. Mettez dans la cuisson moitié vin blanc de bonne qualité et moitié eau. Vingt minutes avant de servir, retirez le jambon et parez l'extérieur. Remettez-le dans son bouillon pour le couper. Au moment de servir, garnissez-le de petites timbales à la soubise dans lesquelles vous mettrez quelques pointes d'asperges en petits pois, des pommes de terre à la duchesse relevées de fines herbes blanchies avec de l'ognon, et de grosses truffes cuites au madère. Décorez le jambon de trois attelets. Les deux petits portant un drapeau anglais en soie, celui du milieu orné d'une petite couronne ronde en laurier frais remplie par un écusson de langue sur lequel vous écrirez « Reine Victoria ». La sauce sera une demi-glace où vous mettrez une julienne de champignons. Vous servirez dans une casserole d'argent des suprêmes de volailles garnies d'épinards.

CHEVREUIL A LA BICHE AU BOIS.

Prenez une selle de chevreuil à laquelle resteront attachés les deux gigots; parez-les, piquez-les et mettez-les ensuite dans une marinade ordinaire à laquelle vous ajouterez deux bouteilles de vin blanc et une de madère. La marinade doit être cuite comme un mirepoix. Quand elle est à moitié refroidie, vous la jetez sur le chevreuil et laissez les choses ainsi pendant vingt-quatre heures. Faites ensuite cuire le chevreuil dans sa marinade et lui donnez une belle couleur. En le mettant sur le plat, garnissez-le de petites croustades de riz coupées avec le coupe-pâte. Vous remplirez ces croustades chacune d'une chose différente, telle que petites quenelles de gibier faites au cornet, de petits foies gras, rognons de chapons, crêtes, ou petits ognons glacés. Vous terminerez la garniture avec de gros champignons tournés et de grosses quenelles de gibier décorées; à côté des deux filets du chevreuil rangez six bouquets de grosses carottes et de gros navets tournés. Vous ferez une croustade de pain que vous poserez sur un plat et sur laquelle vous mettrez la tête du chevreuil s'il est possible d'en trouver une assez petite. Vous la ferez cuire à moitié après l'avoir préparée comme si elle devait être servie froide. Vous enfilerez un attelet entre les oreilles. Sur cet attelet vous mettrez une grosse truffe sur laquelle vous piquerez de petites branches de cèdre du Liban. Vous ferez la même chose aux deux attelets que vous placerez au milieu des cuisses. Vous ajouterez à chaque attelet, et pendues aux branches, deux petites sonnettes que vous ferez moitié en navets, moitié en carottes. Vous les attacherez avec des queues de persil blanchies. La sauce sera moitié tortue. Vous servirez dans une casserole d'argent des truffes le plus grosses possible que vous couperez en tranches de l'épaisseur d'un centimètre et vous les arrangerez avec la sauce que aurez préparée.

FILET DE BŒUF A LA JULES CÉSAR.

Prenez un gros filet que vous clouerez de truffes et langue, piquez-le grossièrement avec de la poitrine. Faites mariner comme d'habitude, ajoutez deux bouteilles de bon bordeaux et laissez-le quarante-huit heures. Ensuite faites-le cuire dans sa marinade. Vous ferez attention en le glaçant à ce que la piqûre ne se sèche pas. Vous garnirez les flancs du plat avec huit foies gras. Vous mettrez entre les foies huit croustades, soit quatre de chaque côté, que vous remplirez, deux avec des truffes et les deux autres avec des rognons de chapon dans une bonne espagnole réduite. Vous mettrez aux deux bouts du plat deux pintades piquées dont la partie postérieure relevée sera appuyée à la croustade où pose le filet. Vous garnirez deux attelets d'une grosse truffe autour de laquelle vous ferez une couronne de laurier; vous couperez la face de la truffe sur laquelle vous formerez avec du blanc d'œuf dur un J et un C. Vous réduirez le fond de cuisson du filet avec une bonne espagnole portée à point et dont vous saucerez le plat. Servez le reste dans une saucière. Présentez dans un plat une couronne de fonds d'artichauts garnis de petites carottes glacées.

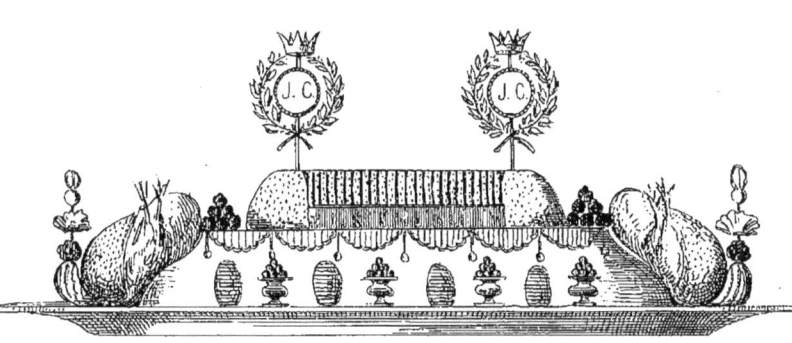

Filet de Bœuf à la Jules-César.
Page 96.

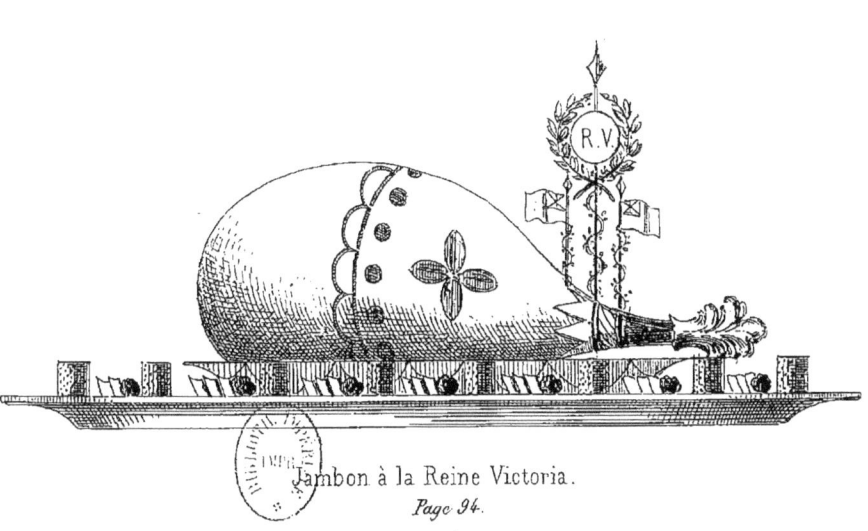

Jambon à la Reine Victoria.
Page 94.

CHEVREUIL AU CHASSEUR IMPÉRIAL.

Prenez une belle selle de chevreuil, préparez-la et piquez-la; faites cuire une marinade composée de six gros ognons, six carottes, une bonne dose d'aromates, du sel, une noix muscade, 15 grammes de poivre en grains, douze ou quatorze clous de girofle, deux bouteilles de vin blanc, une de xérès et une de champagne. Quand la marinade est bien cuite, laissez refroidir à moitié et jetez-la sur la selle, dans une terrine. Vous l'y laisserez dix-huit heures. Faites ensuite braiser avec un bon fond où vous mettrez du jambon cru et un quart du liquide qui aura servi à mariner passé au tamis. Au moment de servir, placez la selle sur le plat où vous aurez fait un beau socle en pain ou en riz de façon que la partie postérieure de la selle soit un peu plus relevée que l'autre bout. Vous mettrez du côté de la queue une croustade que vous garnirez de bécasses dont les têtes tomberont en dehors de la croustade. Vous pourrez aussi bien, si c'est la saison, garnir votre croustade avec des becfigues. Au milieu de cette croustade dressez une pyramide d'ortolans. Vous mettrez à l'autre bout de la selle et sur un socle un beau faisan avec la tête garnie de ses plumes. Au moment de servir, placez aux deux côtés du plat et sur une croustade deux beaux perdreaux. Sur les parties vides du plat, vous placerez derrière, et plus bas que les croustades, des cailles et des mauviettes, et sur le devant de beaux filets de lièvre piqués. Plantez deux attelets de chaque côté sur le derrière de la selle et ornez-les d'une trompe de chasse et plus bas d'une gibecière. Vous ferez le cor avec une carotte et le carnier avec de la langue. Au sac, faites une ouverture de laquelle vous ferez sortir la tête et le cou d'une bécasse. Vous enfilerez au milieu de la croustade, où sont placés les ortolans, un grand attelet que vous aurez garni de deux fusils et d'un chien que vous ferez avec de la farce de gibier bien ferme. Vous pourrez le faire aussi avec de la langue qui ne soit pas trop cuite. Tout le gibier doit être rôti à point. Vous saucerez le plat avec une demi-glace très-claire. Glacez le tout soigneusement et servez dans deux saucières du bon jus chauffé. Présentez dans une casserole d'argent une financière avec de grosses truffes entières, que vous aurez liée avec une espagnole assez liquide à laquelle vous aurez mêlé un peu du fond du chevreuil.

SELLE DE SANGLIER A LA GÉRARD.

Préparez une selle de sanglier, piquez-la et mettez-la comme d'habitude dans une forte marinade où vous la laisserez deux jours. Au moment de la servir, vous la garnirez de canards sauvages entiers auxquels vous couperez seulement l'estomac. Vous mettrez entre chaque canard de petites croustades de pain garnies d'ognons glacés. Vous ferez, du côté le plus fort de la selle, une grosse croustade que vous remplirez d'un salmis de poule de Carthage et vous mettrez un gros attelet orné d'une tête de lion que vous ferez avec de la langue. Vous finirez de garnir l'attelet avec une truffe. Saucez le plat avec une sauce aigre-douce; servez dans une saucière le reste de la sauce et y ajoutez un quart de cornichons coupés en julienne et des petites câpres entières. Vous servirez dans une casserole d'argent un mélange ainsi composé : Un verre de vinaigre que vous ferez réduire à moitié; jetez-y 100 grammes de sucre en poudre et 100 grammes de chocolat râpé. Une fois le chocolat fondu, ajoutez-y un litre de bonne espagnole; faites bouillir le tout ensemble pendant deux minutes et puis mêlez-y 500 grammes de raisins de Smyrne et de Corinthe, de bon cédrat coupé en dés et des amandes de pin. Vous ferez bouillir cinq minutes et servirez.

POULARDES AUX QUATRE SAISONS.

Mettez sur un plat de relevé une croustade de pain assez grande pour pouvoir y placer quatre poulardes avec la partie postérieure relevée. Faites dans les quatre parties vides quatre croustades en forme de corbeilles que vous remplirez : la première avec des truffes, la seconde avec des fonds d'artichauts, la troisième avec des concombres farcis à la farce de gibier, et la quatrième avec de gros champignons tournés. Vous ferez à ces garnitures les sauces d'habitude. Vous garnirez le tour du plat de petites croustades de nouilles, partie à la soubise et partie à la reine, que vous remplirez avec un salpicon de langue et de jambon. Vous placerez sur le haut de la croustade une couronne de grenadier de veau piqué et vous garnirez le milieu d'une pyramide d'ognons glacés. Enfilez quatre attelets dans la partie postérieure des poulardes et décorez l'un avec des truffes, l'autre avec des concombres farcis, le troisième avec des fonds d'artichauts, et le quatrième avec des champignons. Sur les truffes vous écrirez *hiver*, sur les concombres *été*, sur les artichauts *printemps*, et sur les champignons *automne*. Saucez le plat avec une demi-glace et servez le reste dans une saucière. Vous mettrez dans une casserole d'argent une bonne macédoine de légumes dont le tour sera garni de bouquets de choufleurs.

DES ENTRÉES CHAUDES.

DES ENTRÉES CHAUDES.

ORTOLANS A LA PAUL DÉMIDOFF.

Prenez des ortolans bien frais, préparez-les sans bardes. Vingt minutes avant de les servir, jetez-les dans une casserole avec un consommé bien bouillant. Éloignez-les ensuite du feu de façon qu'ils cessent de bouillir. Au moment de servir, retirez-les et faites-les bien égoutter sur une serviette; mettez-les dans une casserole d'argent avec autant de grosses truffes bien épluchées et cuites au vin de Madère qu'il y a d'ortolans. Faites aussi égoutter les truffes. Jetez le tout dans un litre et demi d'un fort consommé au goût de gibier parfaitement clarifié. Vous servirez dans une saucière une demi-glace avec des rognons de chapons.

SUPRÊMES DE VOLAILLE A LA LUCULLUS.

Préparez à l'ordinaire des suprêmes de volaille auxquels vous laisserez l'os de l'aile. Vous traiterez vos suprêmes dans un sauté de manière que l'os des deux côtés reste bien détaché du filet. Prenez trois langues de veaux, préparez-les et braisez-les. Mettez-les ensuite à la presse pour leur donner la forme d'une couronne et laissez-les dans une casserole pour les tenir chaudes. Formez dans le plat un socle de riz et faites un trou au milieu dans lequel vous mettrez un croûton de pain qui servira à tenir les trois langues en forme de couronnes. Vous placerez les filets autour des langues en cercle, mais, contrairement à ce qui se fait d'habitude, de manière que les os des suprêmes restent debout. Les suprêmes eux-mêmes devront, contre l'usage, avoir la pointe relevée. Vous garnirez le plat de la manière suivante : mettez tout autour et à la base du plat, alternativement, un jaune d'œuf dur et une truffe de la même grosseur. Placez dans les vides des langues trois grosses truffes. Décorez un attelet avec une crête, un jaune d'œuf et une grosse truffe. Mettez sur les langues un jaune d'œuf haut d'un centimètre et enfilez vos attelets. Décorez les petits os avec des papillotes de diverses couleurs, glacez les langues et les truffes et saucez le reste avec un velouté. Vous servirez l'excédant de ce velouté dans une saucière avec une julienne de truffes et champignons et quelques rognons de chapons.

POULARDES A LA SCIPION L'AFRICAIN.

Préparez des poulardes comme pour les braiser. Arrosez-les avec un peu de beurre et d'huile. Assaisonnez d'aromates, légumes, un quart d'ail et trois ou quatre tomates. Mouillez avec du jus et finissez de cuire. Retirez-les du feu. Égouttez-les et quand elles sont un peu refroidies, coupez-les. Vous garnirez les poulardes de mauviettes farcies. Passez le

DES ENTRÉES CHAUDES.

fond et faites-le réduire en perfection avec une espagnole. Saucez les poulardes et servez le reste dans une casserole d'argent, avec une printanière dans laquelle vous aurez mis 100 grammes de riz à la turque.

CAILLES A L'AIGLE ROMAINE.

Préparez des cailles dont vous farcirez l'estomac. Vous laisserez de côté les cous avec les têtes; gardez aussi les ailes emplumées d'une caille. Vous ferez une farce dans laquelle vous mettrez un fort salpicon de truffes et vous les ferez cuire dans un bon fond. Au moment de servir, dressez les cailles sur un plat où vous aurez mis une croustade de pain. Dans le milieu du plat et autour de la croustade, disposez des croûtons de pain en forme de bascule sur lesquels vous dresserez les cailles, la partie postérieure relevée. Vous placerez les têtes sous l'estomac de chaque caille, de manière que le bec reste droit. Mettez entre les cailles un bon suprême de perdreaux que vous placerez comme une crête. Remplissez la croustade d'une purée de gibier en pyramide, au haut de laquelle vous planterez un long attelet où vous aurez enfilé une caille farcie dont vous aurez replacé la tête et les ailes en forme d'aigle éployée avec les pattes reposées sur une mappemonde que vous ferez avec un œuf dur. Vous garnirez le tour de la purée, et en dedans de la croustade, de crêtes, truffes et langues. Faites une bonne espagnole au fumet de champignons, saucez-en le plat et servez le reste dans une saucière.

POULETS AU PRINCE IMPÉRIAL.

Faites cuire des poulets comme pour une fricassée et laissez-les refroidir ; faites une croustade de riz en forme de corbeille, dans laquelle vous les disposerez. Garnissez le tour de la corbeille avec des quenelles faites à la cuillère. Vous mettrez sur une quenelle un P et sur une autre un I, découpés dans une truffe. Faites une sauce de fricassée avec laquelle vous saucerez le plat et servez le reste dans une saucière. Glacez les quenelles et servez dans une casserole d'argent du riz naturel cuit au bouillon de poulet et garnissez le tour du riz avec de petites carottes glacées.

FILETS DE VOLAILLES A LA BIZARRE.

Prenez des filets et faites-les sauter comme pour des suprêmes. Lorsqu'ils seront froids, mettez-les en presse. Préparez une sauce chaud-froid dans laquelle vous mettrez des câpres et des anchois hachés très-fin. Masquez vos filets avec cette sauce ; mettez-les sur une plaque, et quand ils seront refroidis de nouveau, vous les panerez deux fois et les ferez frire un moment dans une bonne friture. Dressez ensuite sur un plat bordé d'une espèce de macédoine de légumes à laquelle vous ajouterez des truffes, des huîtres, des queues d'écrevisses, des anchois coupés en losanges, et placez seulement après que la macédoine aura été chauffée. Mêlez tout cela avec une espagnole au fumet de gibier. Vous dresserez le plat en forme de pyramide autour d'un croûton sur lequel vous planterez un attelet garni d'une truffe en demi-olive, avec un gros champignon en forme de chapeau chinois et dont le dessus sera orné de quelques décors en truffes. Le manche de ce chapeau chinois devra être formé avec de la langue également décorée. Vous finirez de garnir le plat, entre la bordure et les filets, avec des champignons tournés que vous placerez en pente. Glacez le plat et servez dans une saucière une sauce piquante de très-bon goût.

PERDREAUX A L'ÉTAT-MAJOR.

Prenez des perdreaux et des cailles, choux blancs, poitrine et saucisses. Lorsque tout sera prêt, vous monterez un moule à charlotte avec la poitrine, les saucisses, des champignons et des truffes que vous aurez fait cuire séparément comme cela se pratique pour les légumes lorsqu'on veut monter une chartreuse. Le moule ainsi garni, vous aurez coupé tout le gibier et vous en remplirez votre moule, couche par couche, alternant avec les choux que vous aurez bien pressés et bien assaisonnés. Placez-y aussi des tranches de truffes d'un demi-centimètre d'épaisseur. Garnissez le milieu du dessus de la chartreuse d'une petite pyramide de truffes en boule, et disposez autour de petits canons en truffes et en langue. Mettez le même ornement autour de la chartreuse. Servez dans une saucière une bonne espagnole.

CAILLES A LA BERTRAND.

Désossez des cailles auxquelles vous ne laisserez que les os des pattes. Farcissez-les d'une farce blanche, dans laquelle vous aurez mis une truffe coupée en bouchon. Faites-les cuire dans des moules à darioles, et dans un four pas trop chaud. Faites sur le plat une bordure de la même farce. Dressez vos cailles les pattes en l'air en forme de poires, au milieu du plat sur une croustade de pain. Entre le bord du plat et la bordure de farce placez des quenelles de volailles faites à la petite cuillère que vous bigarrerez avec des truffes et de la langue. Vous mettrez entre chaque caille une crête bien blanche. Remplissez la croustade d'une bonne financière. Une fois votre garniture placée, vous placerez des filets mignons de volailles dirigés debout avec la pointe en l'air et une truffe au bout. Vous servirez dans une saucière une espagnole au madère et vous en saucerez aussi le plat.

TURBAN DE SARCELLES A LA GANDOLFO.

Faites cuire des sarcelles et levez-en les filets. Faites avec le reste de la chair une bonne purée que vous placerez, en forme de pyramide, au milieu d'un plat d'argent. Dressez à l'entour vos filets accompagnés d'une tranche de truffe et étendez sur la purée et les filets de bonnes fines herbes blanchies. Préparez une soubise à laquelle vous ajouterez quelques jaunes d'œufs; recouvrez-en tout le plat et faites lui prendre la forme d'un turban. Vous ferez avec une carotte le croissant et l'aigrette avec un navet blanchi. Vous décorerez tout le plat de truffes, langue et blancs d'œufs durs; mais cette garniture ne se place que lorsque tout est cuit. Servez dans une saucière une demi-glace avec une julienne de truffes.

ORTOLANS A L'INDÉPENDANCE.

Préparez des ortolans comme pour les pocher, des filets de volaille pour suprêmes et autant de filets de langue. Faites pocher les ortolans vingt minutes avant de les servir. Dressez-les sur une croustade de pain en deux rangées au milieu du plat et bordez celui-ci avec les filets de volaille et de langue. La croustade doit être de huit centimètres plus haute que la bordure. Faites un attelet de quatre couleurs avec carottes, navets, betteraves. Vous placerez avant tout sur l'attelet un cornichon bien vert et au bas la moitié d'un œuf dur. Vous ferez avec les trois légumes indiqués ci-dessus trois petits demironds en forme de langues; vous les enfilerez le mieux possible et vous les placerez sur le croûton au milieu du plat. Glacez le plat avec une demi-glace et servez dans une saucière une purée de volaille préparée comme d'habitude.

POULARDES AU PRINCE ALBERT.

Faites braiser des poulardes pour entrée. Dix minutes avant de les servir, coupez-les et disposez-les dans une casserole d'argent. Vous aurez préparé deux litres de très-fort consommé que vous verserez dans cette casserole. Garnissez-en le tour avec des quenelles de volaille en forme de bouchons; complétez la garniture avec des truffes et des fonds d'artichauts. Vous servirez séparément, sur un plat, un gâteau d'orge perlée d'Allemagne que vous aurez fait cuire avec du bouillon de volaille; faites-le pocher dans un moule à cylindre, mêlez-y une bonne printanière, glacez le gâteau.

BÉCASSES AU PRINCE DE GALLES.

Faites rôtir des bécasses, ôtez-en ensuite les filets et l'estomac que vous parerez et mettrez de côté dans un bain-marie. Faites une purée de bécasses avec laquelle vous farcirez de petits croûtons de pain coupés en cœur. Mettez dans cette purée quelques jaunes d'œufs; passez au four pour la faire prendre. Faites sur le plat une bordure pleine; dressez vos croûtons farcis et sur chaque croûton vous mettez un filet de bécasse. Avec la même purée, élevez au milieu du plat une pyramide sur laquelle vous dresserez l'estomac des bécasses. Entre chaque filet et entre chaque estomac, introduisez une crête de chapon. Décorez le haut de la pyramide d'un petit rond de langue sur lequel vous poserez une petite truffe ronde. Faites une sauce comme pour un salmis, au vin de Bordeaux; saucez le plat et servez le reste dans une saucière.

Passez aussi dans une casserole des truffes entières, épluchées et cuites au madère.

FILETS DE VOLAILLES A LA PATTI.

Barrez et bigarrez de langue et de truffes des filets de volaille. Faites une bordure un peu haute autour du plat. Préparez une purée de volaille que vous dresserez en forme de pyramide au milieu du plat et autour de laquelle vous disposerez vos filets en pente. Garnissez la bordure avec des crêtes de langue et truffes surmontées d'un champignon tourné. Placez quatre crêtes au sommet de la pyramide, deux en truffes et deux en langue, sur lesquelles vous poserez aussi un petit champignon. Servez dans une saucière une sauce allemande au goût de tomates.

COTELETTES DE MOUTON A LA LORD-MAIRE.

Prenez des côtelettes d'un mouton tué depuis quatre jours; parez-les comme d'habitude pour les faire griller; elles doivent être de la hauteur de deux centimètres. Faites-les cuire dix minutes avant de les servir et dressez dans un plat au naturel. Faites un gâteau de pommes de terre à la maître d'hôtel incorporé à une béchamel et lié aux jaunes d'œufs. Cuisez-le dans un moule à charlotte beurré et pané. Servez dans une saucière une sauce composée de la manière suivante : un quart de verre de vinaigre à l'estragon réduit aux deux tiers, uni à une bonne espagnole que l'on fait bouillir tout doucement; ajoutez un peu de moutarde à la ravigote ; passez le tout à l'étamine et au moment de servir ajoutez-y une cuillerée de persil et de câpres blanchis et hachés très-fin.

LIÈVRE A LA DANTE DA CASTIGLIONE.

Prenez un jeune lièvre, coupez-le en petits morceaux, lavez-le bien et mettez-le dans une terrine où vous le ferez mariner avec ognons, goût d'ail, bouquet complet, une bouteille de vin blanc, trois morceaux de sucre et des épices. Vous le laisserez mariner pendant huit heures. Faites cuire, et avant de le retirer du feu ajoutez-y une douzaine de cèpes et quatre ou cinq tomates. Retirez ensuite, morceau par morceau, le lièvre et les cèpes, et mettez-les dans un bain-marie. Faites un roux dans lequel vous passerez le fond du lièvre. Ajoutez-y un bon jus et formez votre sauce que vous passerez sur le lièvre. Dressez dans une croustade de riz que vous aurez faite sur le plat et au milieu de laquelle vous aurez placé une croustade de pain. Dans celle-ci vous enfilerez un attelet décoré d'un double écu de guerre à l'antique fait avec de la langue. Aux deux côtés vous inscrirez un C, et en dessous le chiffre 1529. Vous servirez dans une casserole du riz à la milanaise.

CROUSTADES DE GIBIER AUX TROIS MOUSQUETAIRES.

Faites trois jolies croustades de pain disposées sur un plat en compartiments. Placez au milieu une autre petite croustade ; remplissez le premier compartiment d'une pyramide d'ortolans rôtis où vous mêlerez des truffes au vin de Champagne. Le deuxième contiendra des filets de perdreaux enlevés après les avoir fait rôtir et où vous mêlerez des petits ognons glacés. Dans le troisième vous mettrez des filets de lièvre piqués et vous y ajouterez des champignons entiers. Sur la petite croustade du milieu, vous ferez une petite pyramide de truffes. Fixez au milieu de chaque croustade un attelet que vous garnirez avec crêtes, truffes et un rond de langue. Vous écrirez sur les truffes les noms des trois mousquetaires. Glacez les croustades avec une demi-glace dont vous servez le reste dans une saucière avec des truffes en petits pois.

TORTUE A LA DÉMIDOFF.

Coupez la tortue en morceaux avec un coupe-pâte rond, du diamètre de cinq centimètres. Au moment de servir, vous la dresserez sur le plat avec une bordure composée d'une farce de saumon. Remplissez les vides du plat avec des truffes entières, épluchées et cuites au madère. Faites, entre les truffes et la tortue, une autre bordure de jaunes d'œufs et rognons de chapons; saucez la tortue avec une bonne sauce espagnole au madère, et servez le reste dans une saucière.

PERDREAUX ROUGES A LA MARÉCHAL NEY.

Faites braiser des perdreaux dans un bon fond. Ne

réservez que les filets et l'estomac; vous aurez préparé une bonne purée de choufleurs et l'aurez liée avec une sauce allemande. Vous la ferez de la consistance d'une purée de pommes de terre ordinaire. Prenez un plat d'argent, mettez-y alternativement une couche de purée et une couche de perdreaux. Montez votre plat en forme de dôme. Masquez bien le tout de votre purée que vous lisserez avec du blanc d'œuf battu. Puis, vous couvrirez encore une fois avec de la mie de pain bien blanche, et masquerez de nouveau avec du beurre fondu. Observez que lorsque vous monterez votre plat, la purée et les perdreaux doivent être chauds; cela doit donc se faire une demi-heure avant de servir, afin de pouvoir le mettre un quart d'heure d'avance au four pour y prendre une couleur de noisette. A l'instant de servir, vous garnirez le tour de filets de cailles panés deux fois et grillés. Saucez les filets de cailles avec une demi-glace, dont vous servirez le reste dans une saucière avec des champignons en julienne passés au beurre.

MAUVIETTES AUX FRÈRES BANDIERA.

Faites rôtir des mauviettes bien bardées; mettez au milieu d'un plat d'argent un croûton de pain en forme de pyramide, que vous couvrirez d'une bonne purée de gibier. Au pied de la purée, vous rangerez des petites croustades sur lesquelles vous placerez vos mauviettes. Garnissez toute la pyramide avec de gros rognons de chapons et des quenelles rouges faites avec une bonne sauce tomate, pochée dans un moule et coupée avec un coupe-pâte rond. Faites également des quenelles vertes avec du vert d'épinards. Mettez au milieu du plat un attelet décoré d'un drapeau italien planté sur une grosse quenelle plus ferme que d'ordinaire et au milieu du blanc vous écrirez, au moyen du cornet et avec de la farce rouge : « *Aux frères Bandiera.* » Glacez le plat. Vous servirez, dans une saucière, une sauce tomate, et dans une casserole d'argent, du riz à la lombarde, qui est la même chose que le riz à la milanaise ; seulement il y a beaucoup plus de champignons en tranches, et une grosse julienne de carottes.

SAUMON A LA DON JUAN.

Faites des escalopes de saumon de la grosseur d'un centimètre et demi ; faites-les sauter au beurre ; assaisonnez-les, et ajoutez, en plus, quatre ou cinq anchois. Vous ferez un vol-au-vent dans lequel vous laisserez un puits assez grand pour pouvoir y disposer les escalopes. Ajoutez à la cuisson du saumon un bon velouté. Passez ensuite la sauce au bain-marie et mêlez-y des fines herbes blanchies et une certaine quantité d'huîtres. Saucez le plat et servez le reste dans une saucière. Garnissez le tour du plat de petites bouchées à la moëlle.

8.

PATÉ DE SOLES A LA PRINCESSE DE GALLES.

Faites des rouleaux de soles farcies. Mettez dans la sauce un salpicon de truffes et de champignons, que vous faites cuire au vin blanc. Garnissez le pâté d'une couche de soles et d'une couche d'allemande de la force d'une béchamel, dans laquelle vous mêlerez une certaine quantité d'huîtres et de queues d'écrevisses; de plus, faites réduire le fond des soles et finissez ainsi votre pâté. Servez-le et décorez-le comme d'habitude. Vous servirez, dans une saucière, une sauce à la périgord.

HOMARDS A LA CARIGNAN.

Prenez des queues de langoustes, préparez-les et coupez-les de la grosseur d'une pièce de 5 francs en argent. Faites une bordure de farce de poisson pas trop consistante. Placez les langoustes en couronne et mettez entre les filets une tranche de truffe de Piémont. Préparez ensuite une sauce allemande bien serrée, à laquelle vous ajouterez du beurre d'anchois. Lorsqu'elle est terminée, couvrez en turban vos langoustes, et dorez-les avec du jaune d'œuf; faites-les cuire vingt minutes avant de les servir. Garnissez le milieu du plat d'une pyramide de champignons à la bourgeoise, et servez dans la saucière une espagnole au goût de poivre de Cayenne.

POULARDES AU 1er SOLDAT DE L'INDÉPENDANCE ITALIENNE.

Faites sauter des poulardes. Au moment de les servir, vous les dresserez sur un plat auquel vous aurez déjà fait une bordure très-étroite, afin d'avoir plus de place pour placer vos poulardes. Garnissez votre bordure avec de petites darioles, que vous ferez vertes au moyen d'épinards, rouges avec une forte sauce tomate, blanches avec de la béchamel. Vous ferez tenir ces dernières avec du blanc d'œuf fouetté, que vous mettrez dans une terrine. Une heure après, prenez le jus qui a coulé, et saucez les poulardes avec une bonne sauce tomate. Mettez le reste de cette sauce dans une saucière, et servez, dans un plat séparé, de gros ognons bien glacés.

ORTOLANS A L'HIRONDELLE.

Préparez des ortolans auxquels vous laisserez la tête. Prenez ensuite une barde de lard assez longue, placez-y les ortolans dans la posture qu'ils auraient vivants, ce qui se fera à l'aide de la barde et de la ficelle. Faites-les rôtir de manière qu'ils conservent leur position, et soutenez les têtes comme s'ils regardaient en face. Quand vous les servirez, vous les placerez autour du plat sur une bordure de farce de volaille. Mettez au milieu du plat une belle croustade garnie de truffes en petits pois liées avec une bonne sauce espagnole. Glacez bien les ortolans, et servez le reste de la sauce dans une saucière. Vous pourrez mettre entre chaque ortolan des petites crêtes de langue.

PERDREAUX A LA CIMAROSA.

Faites un socle de riz sur un plat d'entrée. Arrangez-y trois perdreaux braisés que vous aurez piqués, et dont vous aurez enlevé l'estomac et les filets, que vous replacerez ensuite. Vous les placerez la partie postérieure relevée. Faites au bas de l'estomac une croustade de riz un peu ovale, pour pouvoir tenir vos perdreaux; remplissez les trois vides qui se trouvent entre eux avec des artichauts à la lyonnaise. Mettez au haut de la croustade un fond d'artichaut que vous remplirez avec un salpicon de champignons coupés en dés. Garnissez le tour du plat de concombres farcis avec une farce de gibier sur laquelle vous mettrez un chapeau fait avec un petit champignon tourné. Glacez le plat et servez, dans une saucière, une sauce à la périgord.

SUPRÊMES DE PERDREAUX A LA SIGNORIA.

Faites une bordure sur un plat; rangez-y autant de suprêmes de volailles que vous aurez fait de suprêmes de perdreaux. Dressez, avant tout, les suprêmes de volailles dans la bordure bigarrée de langue. Mettez dans le milieu du plat une bonne purée de perdreaux à laquelle vous aurez mêlé une demi-douzaine de suprêmes de volailles coupés en dés, et une pareille quantité de truffes de la même grandeur. Disposez votre purée en pyramide, placez ensuite les suprêmes de perdreaux, que vous aurez bigarrés de truffes, par-dessus les suprêmes de volailles qu'ils doivent cacher à moitié. Saucez le tout avec un velouté, et servez le reste dans une saucière.

COTELETTES DE VEAU AU DOGE DE VENISE.

Préparez de belles côtelettes de veau. Faites-les griller un quart d'heure avant de servir. Garnissez-les d'un appareil que vous aurez fait avec 250 grammes de riz, douze à quatorze fonds d'artichauts coupés en dés et une partie de sauce tomate, le tout fait en perfection. Dressez vos côtelettes. Dressez le riz dans le milieu en forme de pyramide, et garnissez-le presque entièrement de petits champignons tournés. Ornez le haut de la pyramide d'un bonnet de doge que vous ferez avec une carotte blanchie. Glacez les côtelettes, et servez une demi-glace dans une saucière.

TIMBALE A LA DORIA.

Garnissez un moule à charlotte de pâte à brioche, remplissez-le de balles grosses quatre fois comme des balles de fusil. Faites de la farce de volaille et de gibier, et de truffes de la même grosseur. Mettez aussi une certaine quantité de rognons de chapons, crêtes, petits foies gras, une portion de poulets sautés. Remplissez le moule avec cette garniture que vous aurez faite dans toutes les règles et bien égouttée. Recouvrez votre timbale avec la pâte qui vous restera. Au moment de servir et avant de la démouler, vous jetterez dedans une bonne espagnole, dans laquelle vous aurez mis douze champignons en tranches, cuits dans du beurre. Recouvrez le tout avec la pâte que vous aurez ôtée, et démoulez sur un plat. Servez, dans une casserole d'argent, des ravioles que vous masquerez avec la même espagnole que celle mise dans la timbale.

POULETS AUX CINQ JOURNÉES DE MILAN.

Faites sauter de petits poulets nouveaux. Une demi-heure avant de les servir, dressez-les sur un plat d'argent où vous aurez déjà préparé une croustade de riz en forme de corbeille, haute de 6 centimètres. Masquez-les avec une espagnole assez réduite, à laquelle vous aurez mêlé des carottes, des navets et des truffes de la grosseur d'une balle de fusil. Garnissez le tour intérieur de la corbeille de petits canons en langue et truffes. Servez, dans une saucière, une espagnole au salpicon de champignons, et dans une casserole d'argent, du riz à la milanaise.

BÉCASSES AU QUADRILATÈRE VÉNITIEN.

Faites une bordure de farce de gibier sur un plat d'entrée; figurez-y, et à des distances égales, quatre

DES ENTRÉES CHAUDES. 121

petits bastions faits avec de la farce de volaille pochée dans un moule à charlotte de la hauteur de 6 centimètres; cette farce cuite, laissez refroidir et démoulez sur une plaque. Coupez vos bastions, attachez-les à la bordure avec un peu de farce crue que vous mettrez au four seulement quelques minutes pour la faire prendre. Décorez-les un peu avec des truffes et de la langue, et placez sur les petits bastions des petits canons faits avec des truffes. Garnissez le milieu de l'enceinte avec un salmis de quatre bécasses, et enfilez les quatre têtes par le bec entre les bastions. Mettez entre ces bastions et les becs deux pyramides de balles en truffes deux fois grosses comme celles de fusil ; saucez les bécasses avec une sauce périgord, et servez le reste dans une saucière.

PYRAMIDE A LA RENTRÉE DES ARMÉES.

Faites une bordure de riz à trois gradins. Placez sur le premier un suprême de volaille à l'écarlate, sur le deuxième un suprême de perdreau avec un filet de truffe entre chaque filet, et sur le troisième, que vous aurez fait en forme de coupe, vous placerez une pyramide composée de dix ortolans. Glacez les ortolans et les filets de perdreaux, saucez les filets de volaille avec une allemande et glacez des filets de langue. Servez le reste de l'allemande dans une saucière, avec une écarlate, et, dans une autre saucière, une sauce périgord.

On peut servir ce plat froid en faisant les deux

espèces de filets en chaud-froid, et faisant rôtir les ortolans de la même manière que pour le chaud. En tout cas, on garnira de truffes entières tous les gradins et même le bas de la bordure. On mettra un attelet au milieu.

POULARDES AUX FLORENTINS DU 27 SEPTEMBRE 1859.

Faites braiser des poulardes, coupez-les et dressez-les sur un plat d'entrée, garnissez le plat de bouquets de carottes, de navets bien blancs et de pointes d'asperges. Saucez-les avec une demi-glace, et servez sur un autre plat une timbale de riz aux tomates que vous remplirez d'une financière.

TIMBALE AUX GRENADIERS DE LA GARDE.

Garnissez un moule à pâté rond d'une pâte foncée, entourez-le de papier et puis remplissez-le de farine; décorez le couvercle, et au milieu du couvercle, faites avec la même pâte un bonnet à poil de grenadier. Écrivez autour du couvercle : « *Grenadiers de la garde.* » La cuisson opérée, enlevez le couvercle bien intact et conservez-le. Otez toute la farine, dorez le dedans avec des jaunes d'œufs, et remettez-le quelques instants au four. Au moment de servir, remplissez le pâté de grenadiers de veau, de filets de volaille piqués, que vous disposerez en couronne à l'intérieur, et saucez-les avec une sauce à la périgord. Remettez le couvercle, démoulez et servez sur un plat avec une serviette. Vous servirez, dans une cassérole d'argent, des fonds d'artichauts en macédoine, coupés deux ou trois fois plus gros que d'habitude. Vous saucerez aussi les artichauts.

FILETS DE VOLAILLES AUX GRANDS POETES.

Faites, sur un plat d'entrée, une bordure de farce de volaille et dressez, dans le milieu, un croûton, sur lequel vous enfilerez un attelet. Vous préparerez douze filets : trois piqués, trois panés à blanc, trois bigarrés de truffes et trois que vous ferez à la villeroy, sans paner, et où vous mettrez des jaunes d'œufs. Masquez ensuite les filets et faites-les cuire bien couverts au beurre fondu. Arrangez sur la bordure vos quatre espèces de filets. Garnissez-les de quatre purées, que vous dresserez dans les quatre parties du croûton en forme de pyramide. Séparez-les bien les unes des autres. Attachez des rognons de chapons du haut en bas de la pyramide et garnissez un attelet : 1° d'une lyre que vous ferez avec une carotte blanchie; sous la lyre, vous placerez une grosse quenelle de volaille carrée, sur laquelle vous mettrez deux petits rameaux de laurier et le nom de quatre poëtes choisis à volonté, sur les quatre côtés de la quenelle. Vous pourrez faire cette quenelle au cornet avec un peu de farce, que vous aurez conservée et à laquelle vous ajouterez du vert d'épinards pour changer la couleur. Vous glacerez tout le plat et vous servirez, dans une saucière, un bon velouté. Faites les quatre purées : une de volaille, une de gibier, une autre d'artichauts et la quatrième de champignons.

PATÉ DE PERDREAUX A LA DÉMIDOFF.

Faites une caisse ronde à pâté, videz-la et au moment de servir remplissez-la, par couches alternatives, de perdreaux, de saucisses, de poitrine et de champignons, que vous aurez déjà préparés et qui doivent être très-chauds. Saucez immédiatement avec une bonne sauce périgord bien réduite dont vous servirez le reste dans une saucière.

TORTUE A LA SAID-PACHA.

Coupez de la tortue en morceaux carrés; dressez-les sur un plat où vous aurez préparé une bordure. Dans le milieu du plat, élevez une pyramide de quenelles de faisan, faites à la cuillère à bouche. Posez, sur les quenelles et sur chaque morceau de tortue, des ronds en truffes de la largeur de 3 centimètres. Vous saucerez le tout avec une bonne espagnole au madère, bien colorée. Servez le reste dans une saucière, où vous mettrez des truffes coupées en tranches minces.

COTELETTES DE VEAU A LA ROBERT PEEL.

Faites griller des petites côtelettes de veau de l'épaisseur d'un demi-centimètre; à moitié cuites, faites-leur subir une légère pression. Lorsqu'elles

DES ENTRÉES CHAUDES.

sont froides, essuyez-les bien avec une serviette; masquez-les complétement avec une béchamel de bon goût, où vous aurez mélangé de la moëlle coupée en dés; vous faites ce mélange quand la béchamel est froide. Faites prendre exactement la forme de la côtelette, puis, touchez délicatement sur de la farine et de l'œuf battu, où vous mêlerez une petite portion de beurre fondu. Panez légèrement le plus possible. Vingt minutes avant de servir, vous ferez sauter les côtelettes au beurre, très-doucement. Quand le beurre sera bien chaud, servez-les toutes naturelles dans un plat à relevé et sur deux rangs. Vous présenterez, dans une saucière, une sauce maître d'hôtel où vous aurez mêlé des truffes coupées en julienne.

RIZ DE VEAU A LA ZURICH.

Prenez trois ris de veau du cœur, piquez-les, retournez-les et clouez-les avec des truffes. Faites-les cuire dans un bon fond bien glacé. Quand vous les servirez, vous les placerez sur une croustade de pain déjà préparée, sur un plat au milieu duquel vous aurez disposé un croûton en pain, un peu plus élevé que les ris. Sur le croûton, vous placerez une quenelle de volaille ronde-plate, un peu plus large que celui-ci, et, par-dessus la quenelle, une grosse truffe. Entre les trois ris de veau, dressez de belles crêtes debout. Vous garnirez le tour, au bas du plat, de six truffes, six bouquets de rognons de chapon et six quenelles de gibier. Saucez le tout avec une bonne demi-glace et servez le reste dans une saucière. Faites aussi présenter, dans une casserole d'argent, une bonne soubise.

BLANQUETTE DE VOLAILLE A LA DÉMIDOFF.

Préparez et faites sauter des filets de volailles comme des suprêmes. Coupez-les ensuite en tranches pour former une blanquette. Prenez des têtes de champignons moyens, coupez-les en tranches; faites-les cuire dans une casserole, où vous aurez fait passer au beurre un petit ognon bien haché. Ces champignons étant cuits, vous les mêlerez avec les tranches des filets de volailles que vous tiendrez de côté. Au moment de servir, vous jetez le tout dans un plat à sauter, où se trouvera une sauce allemande au goût de thym, réduite à point, et mêlez bien. Servez dans une casserole d'argent, garnie d'œufs cuits cinq minutes; entre chaque œuf, placez un filet mignon de poularde braisé avec de la langue en forme de turban; garnissez le tour de ronds de langue découpés à votre fantaisie, puis glacez la garniture.

BEEFSTAKES A LA BONAPARTE.

Préparez des beefstakes de filets de bœuf, de l'épaisseur de 3 centimètres et d'un diamètre de 10 centimètres. Assaisonnez dans une terrine. Mettez de l'ognon et de la carotte coupée en tranches;

un peu de persil, un peu d'huile et du jus de citron.
Laissez les choses ainsi pendant quatre ou cinq heures. Faites cuire, comme d'habitude, au moment de
servir, et servez dans une casserole d'argent, où vous
aurez déjà placé une purée d'artichauts faite de la
manière suivante : prenez quelques ognons, coupez-
les en tranches et faites-les passer au beurre à blanc;
ajoutez-y des fonds d'artichauts, coupés aussi en
tranches et assaisonnés comme de règle. La purée
bien cuite et réduite à point, vous la pilerez au mortier et la passerez à l'étamine. Mettez-la dans une
casserole pour la finir avec du beurre. Garnissez le
tour de la purée de petits ognons glacés. Glacez
aussi les beefstakes. Servez, dans une saucière, une
demi-glace avec des truffes hachées très-fin.

POULETS NOUVEAUX A LA NÉLATON.

Préparez des poulets pour braiser, cuisez-les et
laissez-les refroidir; coupez-les et préparez comme
pour un chaud-froid. Ayez toute prête une magnonnaise ordinaire, que vous incorporerez, en partie
égale, dans une bonne purée d'ognons, réduite à
point et passée à l'étamine de laine. Mettez aussi
une certaine quantité de câpres entières et des plus
fines possibles. Travaillez le tout ensemble dans une
terrine et, de temps en temps, laissez-y tomber une
quantité d'aspic réduit suffisamment pour faire tenir.
Masquez vos poulets, comme d'habitude, et placez-
les sur une plaque. Lorsque vous dresserez sur le

plat, vous garnirez avec de l'aspic brillanté et croûtonné. L'aspic employé pour les croûtons, vous l'aurez fait prendre avec du blanc d'œuf et truffes hachées très-fin.

PERDREAUX A LA WEBER.

Préparez les perdreaux pour entrée. Faites-les cuire et coupez-les comme d'habitude. Mettez-les dans un sauté, où vous aurez déjà préparé une bonne sauce espagnole au madère avec de larges tranches de truffes crues. Ajoutez ensuite des tranches de foie gras et de champignons, que vous aurez fait braiser ensemble dans un bon fond. Faites bouillir le tout dix minutes avant de servir et servez dans une casserole d'argent.

TÊTE DE VEAU A LA GIRARDIN.

Faites blanchir et cuire une tête de veau, comme d'habitude. Enlevez-y, avec le coupe-pâte, des ronds de cinq centimètres de diamètre. Préparez, en nombre égal à ces ronds, des filets de poulets nouveaux pour suprêmes; montez-les en couronne en alternant un filet et un rond. Placez une oreille sur un croûton de pain que vous aurez fixé d'avance sur le plat. Remplissez le reste du plat, autour du croûton, avec de petits ronds de langue écarlate, que vous masquez d'une demi-glace. Saucez le reste avec une bonne allemande, où vous aurez mis du persil haché très-fin et blanchi, et servez le reste dans une saucière.

FILETS DE FAISANS A L'IMPÉRATRICE EUGÉNIE.

Enlevez des filets de faisans; préparez-les en suprêmes et piquez-les très-serré. Faites-les cuire dans un bon fond et d'une belle couleur. Vous les servirez sur un plat, où vous aurez déjà placé une bonne purée de cèpes de Lyon. Garnissez le tour de petits filets de lièvre piqués, que vous aurez fait cuire séparément. Saucez le plat avec une demi-glace, où vous aurez ajouté un peu du fond des filets de faisans. Servez le reste dans une saucière et présentez, sur un plat, un bon riz à la milanaise.

QUENELLES DE PERDREAUX A LA MOLIÈRE.

Préparez une farce de perdreaux, comme d'habitude; quand elle est pilée et panée, vous la mettez dans une casserole pour la bien travailler. Lorsque vous l'aurez essayée dans de l'eau chaude, vous la mettrez sous la glace pour la faire bien refroidir. Après quoi, vous l'étalerez sur la table à pâtisserie à l'épaisseur d'un demi-centimètre. Coupez alors, avec le coupe-pâte, des ronds de cinq centimètres de diamètre; placez, sur le milieu de ces ronds, une petite portion de riz cuit dans de bon bouillon; ensuite, masquez dans une sauce allemande bien réduite, où vous mêlerez aussi une quantité de truffes hachées très-fin. Touchez autour du riz et au pinceau la farce avec de l'œuf battu, et recouvrez le riz avec les ronds qui vous sont restés. Alors, à l'aide d'un coupe-pâte, un peu plus petit que le rond et du côté où il ne coupe pas, vous appuyez pour faire adhérer les deux ronds ensemble.

COTELETTES D'AGNEAU A LA COLBERT.

Préparez des côtelettes d'agneau assez épaisses, aplatissez-les comme d'habitude et coupez en travers la chair de la côtelette jusqu'à l'os, sans détacher les deux parties. Placez, dans cette entaille, une tranche de truffe de la largeur de la côtelette. Reformez-la et parez-la. Touchez dans la mie de pain, puis, dans l'œuf battu et encore dans la mie de pain. Donnez la forme aux côtelettes et placez-les sur une plaque. Dix minutes avant de les servir, trempez-les dans du beurre fondu et faites-les griller. Dressez-les sur le plat en couronne. Vous remplirez le milieu d'une purée composée de la manière suivante : Prenez un gros ognon, hachez-le fin et faites-le passer à blanc au beurre. Ajoutez-y une bonne portion de champignons, hachés aussi très-fin et autant de fleurs de choufleurs. Assaisonnez cette purée cuite; ajoutez-y une portion de riz, cuit séparément; mêlez tout ensemble et pilez au mortier; passez à l'étamine et placez dans une casserole pour finir avec un morceau de beurre frais. Saucez les côtelettes avec une demi-glace au fumet de truffes.

PIGEONS A LA MEYERBEER.

Préparez des pigeons pour rôtir. Lorsqu'ils sont cuits, coupez-les en quatre parties ; parez-les le mieux possible ; montez-les sur le plat, comme de règle, et saucez-les avec une sauce poivrade assez réduite, à laquelle vous aurez joint une portion de câpres et de petits cornichons, hachés très-fin, et une cuillerée à café de sucre en poudre. Saucez les pigeons et servez le reste dans une saucière. Vous pouvez garnir le plat avec des petits ognons glacés.

PATÉ DE TORTUE A LA PAUL DÉMIDOFF.

Faites une caisse à pâté de pâte à braiser, de 10 centimètres de hauteur et de 15 centimètres de diamètre. Remplissez-la de farine et faites-la cuire. Videz-la et, avec un pinceau et des jaunes d'œufs, dorez-la intérieurement et extérieurement. Remettez-la au four pour la faire bien sécher. Remplissez ensuite, par couches, de morceaux de tortue, de tranches de foie gras, ajoutez quelques ris de veau, des rognons de chapon, des tranches de truffes, quelques tranches de champignons. Le pâté bien rempli, donnez-lui la forme d'une coupole, recouvrez-le de bardes de lard et couvrez d'une pâte à brioches, que vous décorerez à volonté. Puis, dorez, et quarante minutes avant de servir, mettez au four pour finir. Tous les appareils contenus dans le pâté, vous les aurez fait cuire avant de le remplir, chacun selon la règle, sauf les truffes, que vous emploierez crues. Au moment de servir, vous ouvrirez la cheminée, ménagée au milieu du couvercle, et vous y laisserez couler, avec une cuillère à bouche, une quantité suffisante d'une bonne espagnole au madère, où vous aurez mis une petite pointe de poivre de Cayenne. Rebouchez le trou et servez le reste de la sauce dans une saucière.

ROGNONS DE CHAPONS A L'AMITIÉ.

Faites blanchir des rognons de chapons; préparez-les et mettez-les dans un bain-marie. Prenez une égale quantité de truffes de la grosseur des rognons et mêlez-les avec. Préparez, sur un plat, une bordure de riz. Au moment de servir, vous aurez apprêté, dans un plat à sauter, une bonne espagnole, réduite au fumet de champignons. Jetez-y les rognons et les truffes; faites-les bouillir quelques minutes et remplissez-en le puits de la bordure. Vous garnirez la bordure de petits riz d'agneau piqués.

PUDDING DE FAISANS A LA SURPRISE.

Apprêtez une farce de faisans; après l'avoir pilée et passée, vous la mettrez dans une terrine. Mêlez-y des fines herbes, persil et cerfeuil, que vous aurez passés au beurre. Travaillez bien la farce avec une cuillère de bois. Après l'avoir essayée, vous formerez des quenelles à la cuillère à bouche, que vous farcirez avec un rognon de chapon entier et un peu de truffes, hachées très-fin. Reformez les quenelles au couteau, et vous les finirez comme d'habitude. Au moment de les servir, vous les égoutterez dans une serviette et vous les servirez dans une casserole d'argent, où vous aurez déjà versé un litre de consommé de gibier clarifié. Vous présenterez, sur un plat, des petits pois sautés au beurre, que vous garnirez de petits croûtons de pain.

FILETS MIGNONS DE DINDONNEAUX AU SOUVENIR.

Préparez des filets mignons que vous aurez aplatis dans toute leur longueur. Faites une farce de poulets. Quand elle est pilée et passée, mettez-la dans une terrine; mêlez avec des truffes hachées très-fin; farcissez les filets; formez-en de petits rouleaux; placez-les bien serré dans une casserole où vous aurez préparé un fond de beurre. Faites cuire dix minutes et servez dans un plat déjà garni de petits croûtons de pain. Garnissez le milieu du puits avec une purée de champignons; saucez avec une allemande un peu claire. Mettez sur chaque rouleau un petit champignon tourné.

DU FROID.

DU FROID.

COCHON DE LAIT A LA GEMMA.

Prenez un petit cochon de lait et farcissez-le avec la farce suivante : Un tiers de chair de veau, un tiers de porc frais et un tiers de chevreuil. Ajoutez un tiers de lard de jambon cru et pilez comme d'habitude. Prenez aussi des ognons de moyenne grosseur, coupez-les en tranches et mettez-les dans un torchon. Remuez les quatre coins du torchon et touchez-les dans l'eau. Pressez-les pour en faire sortir la partie acide. Mettez-les ensuite dans une casserole avec un quart de beurre, huit clous de girofle, quatre feuilles de laurier, un bon bouquet de thym, sel, poivre, une noix muscade. Faites-les cuire doucement pendant vingt minutes; jetez le tout dans un mortier, incorporez-le bien avec la farce et finissez d'assaisonner. Ajoutez-y deux jaunes d'œufs et passez par une étamine. Mettez ensuite le tout dans une terrine. Prenez une livre et demie de truffes coupées en bouchons où vous ferez un trou dans le milieu avec la boîte à colonne et placez dans ce trou un rond de langue. Farcissez 18 ortolans avec du foie gras, faites-les cuire séparément. Une fois cuits, mettez-les sous presse une demi-heure. Farcissez votre cochon avec la farce que vous avez mise dans la terrine et après l'avoir bien remuée. Sur chaque couche de farce, vous mettrez une partie des ortolans et quelques truffes. Ajoutez-y quelques dés de poitrine que vous aurez assaisonnés et marinés avec un peu de madère et vous continuerez de farcir ainsi votre cochon. Cela fait, enveloppez-le comme d'habitude et faites en sorte que les oreilles et les jambes gardent leur forme. Faites-le cuire dans une braisière avec de bon bouillon et des légumes frais et secs. Joignez-y douze pieds de veau et faites cuire une heure un quart. Développez-le et enveloppez-le de nouveau de façon que les jambes de derrière restent couchées et que celles de devant restent droites; les oreilles aussi doivent être droites et en avant. Vous le mettrez en presse, et quand vous le servirez, vous couperez une partie du dos et vous replacerez les tranches dans leur première forme. Placez-le sur un plat où vous aurez déjà fait un croûton pour le maintenir dans la position indiquée plus haut. Garnissez le plat avec beaucoup d'aspic brillanté dans lequel vous mettrez de distance en distance un bouquet de câpres et un bouquet de truffes coupées de la grosseur des câpres. Vous ferez la même chose avec du blanc d'œuf dur. Vous approcherez cette garniture aussi près que possible du cochon. Mettez, entre la bordure du plat et la garniture, de petites pyramides d'aspic que vous couperez avec le coupe-pâte cannelé. Chacune de vos pyramides devra avoir quatre gradins. Vous mettrez sur le haut des pyramides à l'une une truffe bien ronde, à l'autre un jaune d'œuf, à la troisième la moitié d'un œuf dur. Vous décorerez vos gradins avec de petites boules en blanc d'œuf et en truffes que vous ferez avec une cuillère à légumes. Vous garnirez le cochon avec trois attelets bien fournis de truffes et crêtes de langue.

JAMBON ANGLAIS AU CONGRÈS.

Prenez un bon jambon; préparez-le comme d'habitude. Mêlez ensemble quatre bouteilles de madère, deux bouteilles de champagne, deux de rhum et quatre de vin blanc. Mettez un fort mirepoix de légumes que vous aurez fait passer vingt minutes dans une livre de beurre. Vous le mouillerez avec une bouteille de bordeaux. Faites-le bouillir cinq minutes et jetez le tout dans la braisière où se trouve le jambon. Faites cuire votre jambon le temps nécessaire suivant sa grosseur. Lorsqu'il est cuit, ôtez-le du feu, laissez-le refroidir dans son bouillon. Quand vous le retirerez, vous le placerez sur un plat et vous le garnirez avec beaucoup d'aspic brillanté. Mettez autour des petits pains de foie gras, des petits pains à la reine et des petits pains de faisan que vous ferez dans des moules à darioles. Vous ferez aussi avec les mêmes moules de l'aspic à la ravigote aux fines herbes blanchies et une certaine quantité de câpres entières. Vous mettrez sur le jambon un attelet garni de deux grosses truffes. Vous piquerez autour de la première des petits drapeaux anglais, italiens, espagnols, russes, prussiens, autrichiens, et celui de la France deux fois plus grand que les autres planté au milieu de la truffe. Les petits pains, vous les décorerez à volonté.

GALANTINE DE DINDONNEAU AU ROI DE PERSE.

Préparez un gros dindonneau que vous farcirez en galantine. La farce devra être composée de la manière suivante : Douze gros ognons, coupés en tranches et passés au beurre dans une grande casserole. Quand ils seront à moitié cuits, retirez-les du feu et joignez-y environ trois livres de champignons bien hachés, un fort bouquet d'aromates dûment assaisonnés de sel, noix muscade et un goût d'épices. Remettez-les au feu et faites bien cuire les champignons que vous ferez tomber à glace. Vous les pilerez soigneusement en y mêlant de temps en temps de la bonne sauce allemande bien réduite. Puis, passez à l'étamine et mettez-les dans une terrine. Ajoutez-y des truffes, langue, poitrine, bon jambon coupés en dés de la largeur d'un centimètre carré. Mettez aussi des filets de dindonneau coupés de la même manière que vous aurez fait passer d'avance au beurre. Mettez dans la purée de champignons six jaunes d'œufs. Tout cela réuni, farcissez votre dindonneau, attachez-le bien, cousez-le avec du fil. Mettez-le dans une serviette comme d'habitude et faites cuire trois

N.º 8.

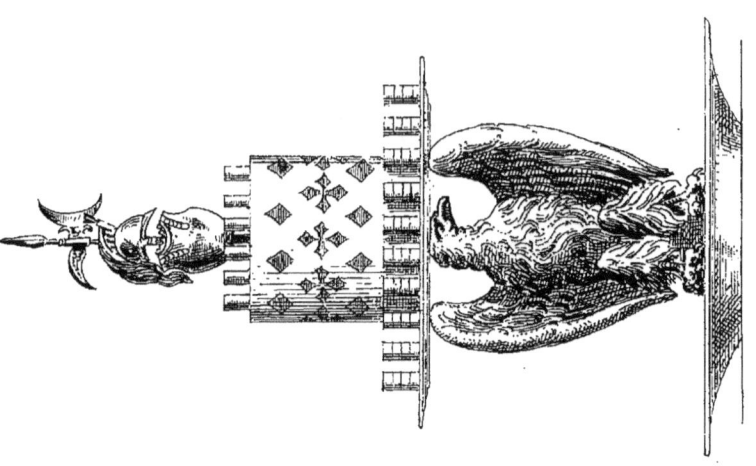

Pain de Foie gras à l'Ermina degli Ermini.
Page 141.

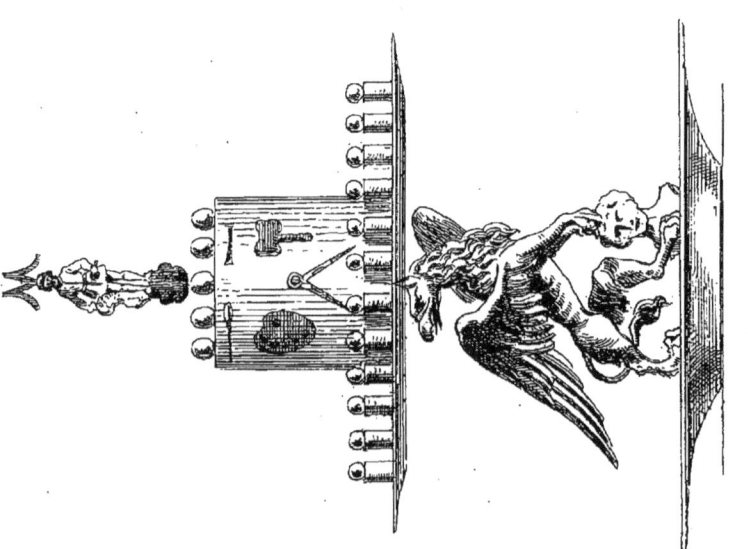

Pain de Canetons à la Michel-Ange.
Page 142.

Paris. Imp. A.te Bry.

quarts d'heure dans une braisière avec du bouillon blanc garni de légumes. Après la cuisson, laissez refroidir à moitié dans son bouillon et mettez sous presse. Vous formerez de l'aspic avec le même bouillon pour garnir votre galantine. Dressez-la sur un plat. Prenez une certaine quantité d'aspic que vous mettez dans une casserole; jetez dedans une forte julienne de truffes et de blancs d'œufs; mettez-le sur la glace et travaillez-le comme une gelée à la sultane. Versez dans un moule à charlotte dans lequel vous finirez de faire prendre; démoulez, coupez en croûtons de plusieurs formes, et garnissez votre plat. Le reste, vous le hacherez brillanté pour garnir aussi le plat comme d'habitude. Fixez sur la galantine trois attelets. Sur celui du milieu vous attacherez trois truffes ensemble. Vous en enfilerez d'abord une grosse sur laquelle vous ferez les armes de Perse avec du blanc d'œuf et vous les maintiendrez avec une croustade de pain. Vous garnirez les deux autres attelets avec deux petites barques faites en langue, avec une grosse truffe au-dessus.

PAIN DE FOIE GRAS A LA ERMINA DEGLI ERMINI.

Préparez une purée de foie gras comme à l'ordinaire. Faites des quenelles de gibier dans lesquelles vous aurez mis un fort salpicon de truffes. Faites aussi un foie gras entier que vous couperez en gros dés de deux centimètres carrés. Vous mettrez ces deux préparations dans une terrine et vous les assaisonnerez avec poivre, noix muscade et sel. Prenez un moule à cylindre dans lequel vous mettrez une couche de purée et une de garniture, et ainsi de suite jusqu'à ce qu'il soit rempli. Vous le ferez cuire au bain-marie. Au moment de servir, garnissez le plat avec beaucoup d'aspic brillanté sur lequel vous poserez de grosses truffes épluchées et de petites darioles d'aspic que vous décorerez. Vous ferez une croûte sur laquelle vous placerez le pain de foie et vous le surmonterez d'un attelet.

PAIN DE CANETON A LA MICHEL-ANGE.

Prenez des canetons de Rouen, préparez-les et faites-les rôtir. Otez-en toute la chair que vous hacherez très-fin. Mettez-la dans une casserole et formez-en une purée. Celle-ci bien cuite, passez-la et faites une sauce bien réduite que vous mêlerez avec le canard. Finissez de le bien piler. Assaisonnez et mettez la quantité de jaunes d'œufs nécessaire. Mettez tout dans une terrine où vous ajouterez une purée de champignons, de la langue coupée en dés, du lard blanc et des filets de volaille sautés au beurre. Vous couperez ceux-ci de la largeur d'un centimètre et de la longueur de trois centimètres et vous les ferez cuire dans un moule à cylindre. Au moment de servir, vous les garnirez d'aspic et de petites galantines de cailles auxquelles vous aurez laissé les pattes. Ornez avec un attelet.

GALANTINE DE DINDONNEAU A LA FERRUCCIO.

Préparez un dindonneau pour le farcir en galantine. Faites une farce de filets de dindonneaux. Mettez-la dans une terrine et ajoutez-y des truffes le plus grosses possible, des petites langues de moutons, quelques pieds de veau cuits d'avance, de grosses tranches de poitrine. Vous farcirez votre dindonneau et le ferez cuire suivant l'habitude. Quand vous le servirez, mettez-le sur un plat avec une croustade. Vous le garnirez avec de petites galantines de pigeons. Vous ferez ensuite des darioles d'aspic où vous mettrez une belle vue en petits ronds de pâté de foie gras. Vous ferez aussi une espagnole bien réduite dans laquelle vous mettrez une certaine quantité de câpres. Vous l'étalerez sur une plaque à la hauteur d'un centimètre, et quand elle sera froide, vous la couperez avec le coupe-pâte et vous en garnirez vos darioles. Ornez la galantine de trois attelets.

GALANTINE DE PERDREAUX A LA SÉVILLANE.

Faites quatre galantines de perdreaux, douze cailles farcies de même, douze petites mauviettes. Placez une croustade de riz au milieu d'un plat ovale; garnissez le plat de douze petites croustades de la grandeur des galantines. Placez les perdreaux aux quatre coins du plat, les cailles, six de chaque côté, et les mauviettes trois par trois entre les perdreaux et les cailles. Vous remplirez les vides qui se trouvent entre les galantines avec beaucoup d'aspic brillanté. Garnissez le tour du plat avec de gros croûtons d'aspic que vous décorerez de truffes et blancs d'œufs. Mettez sur la croustade des chaud-froids de volaille en couronne et au milieu une pyramide de truffes épluchées et bien glacées. Fixez au milieu un gros attelet ; garnissez les perdreaux avec quatre attelets plus petits.

BASTION DE FOIE GRAS A LA PALESTINE.

Préparez un appareil de foie gras. Faites-le cuire dans cinq moules ronds, unis, de la largeur de dix centimètres. Placez-en quatre sur le plat où vous aurez déjà fait un fort croûton de pain rond, de la hauteur de six centimètres. Placez le cinquième sur les quatre premiers et décorez-le en forme de bastion avec des blancs d'œufs, des truffes et de la langue. Taillez sur le haut du cinquième des créneaux pour lui donner l'apparence d'une tour. Vous garnirez le reste du plat avec des darioles carrées en aspic sans décors. Vous y mettrez aussi des pyramides de truffes bien rondes et autant de langue. Garnissez les créneaux de petits canons de truffes et finissez d'orner le plat avec des croûtons d'aspic brillanté. Mettez au milieu un drapeau blanc avec une croix rouge au centre.

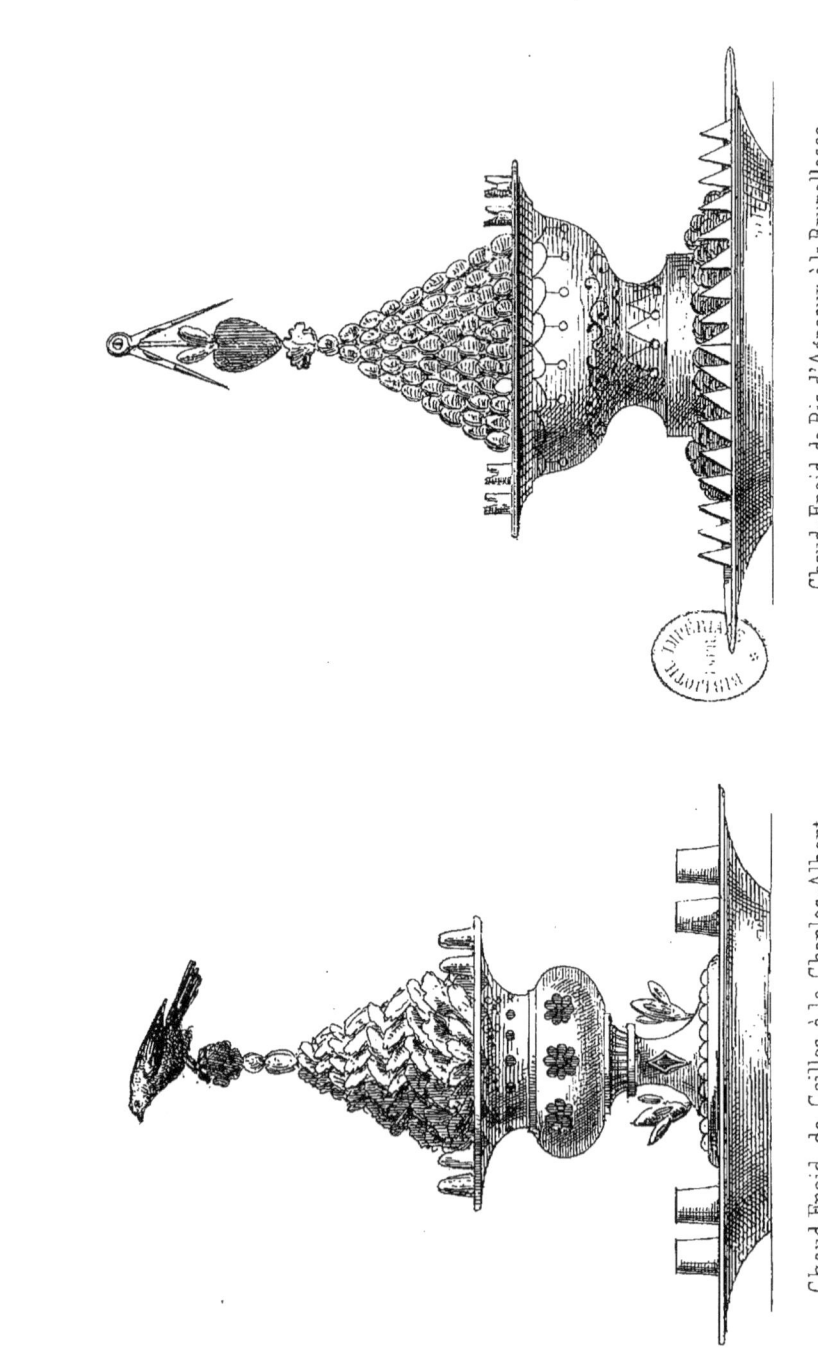

Chaud-Froid de Cailles à la Charles-Albert.
Page 145.

Chaud-Froid de Ris d'Agneaux à la Brunellesco.
Page 149.

PATÉ DE GIBIER AU GRAND FRÉDÉRIC.

Faites cuire deux galantines de faisans et vingt-quatre mauviettes farcies comme d'habitude. Préparez une caisse à pâtés ovale que vous remplirez par couches d'un bon appareil de foie gras, de tranches de truffes de l'épaisseur d'un centimètre, puis de la galantine de faisan et des mauviettes cuites d'avance. Sous la couche de foie gras vous mettrez une certaine quantité de jambons coupés en dés. La caisse remplie, vous la couvrirez et ferez cuire en raison de sa grosseur. Au moment de servir, vous ôterez le couvercle; vous le parerez suivant l'usage et vous le couvrirez d'aspic brillanté. Vous garnirez le tour de l'aspic d'un chaud-froid de filets de lièvre décoré d'un rond de truffes. Vous planterez au sommet du pâté un attelet avec le drapeau prussien. (Jaune avec l'aigle au milieu.)

CHAUD-FROID DE CAILLES A LA CHARLES-ALBERT.

Préparez des cailles bien enveloppées de lard pour les faire rôtir. Laissez-les refroidir après et coupez-les en dés pareils, en ôtant une partie des os et laissant les pattes dans toute leur longueur. Vous aurez préparé une bonne sauce chaud-froid, mêlée de fines herbes, de petites échalotes passées au beurre à blanc et d'une petite portion de câpres que vous aurez bien pressées dans une serviette et hachées très-fin. Vous les dresserez sur le plat avec une bordure ou sur un socle en couronne. Vous mettrez dans le milieu un moule d'aspic à cylindre garni de langue, truffes et blancs d'œufs. Vous finirez de garnir avec de l'aspic dans des moules à madeleines décorés, et vous piquerez dans le milieu un attelet garni.

TIMBALES D'HUITRES A LA RAPHAEL.

Faites avec de la farce de poisson de petites timbales dans des moules à darioles; faites-les refroidir; videz-en le milieu le plus possible. Après quoi, démoulez-les et dressez-les sur un plat d'argent avec une bordure de la même farce. Vous aurez collé un croûton de pain au milieu du plat et vous remplirez les timbales avec des huîtres masquées d'une magnonnaise à la ravigote. Formez, au-dessus des timbales, une couronne avec quatre queues d'écrevisses épluchées; vous aurez fait, avec une truffe, de petites boules que vous collerez avec la glace sous ces queues d'écrevisses. Vous garnirez le milieu du plat avec une macédoine de légumes en forme de pyramide, masquée aussi avec la magnonnaise ordinaire et garnie en turban avec des queues d'écrevisses. Vous piquerez dans le milieu un attelet que vous garnirez d'une palette de peintre où vous collerez pour représenter les couleurs des demi-boules que vous ferez en carottes, navets, betteraves et pommes de terre. Vous placerez le mieux possible quelques petits pinceaux que vous formerez avec les mêmes légumes. Finissez de garnir le plat avec de l'aspic.

N.° 10.

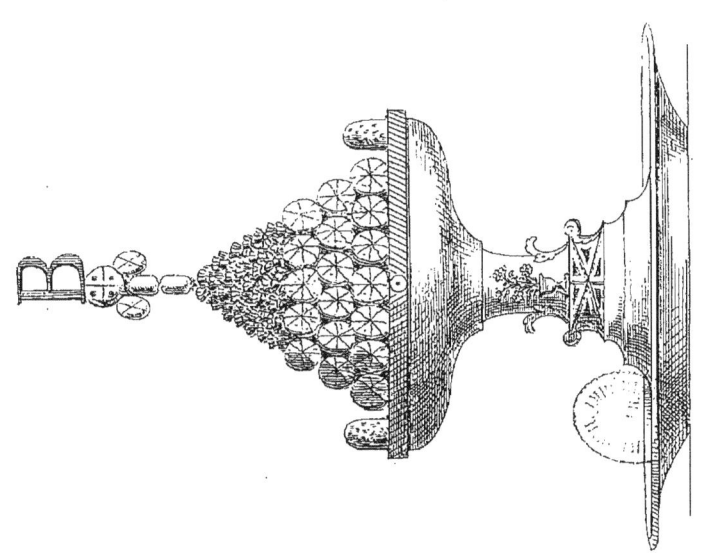

Homards à la Borgia.
Page 157.

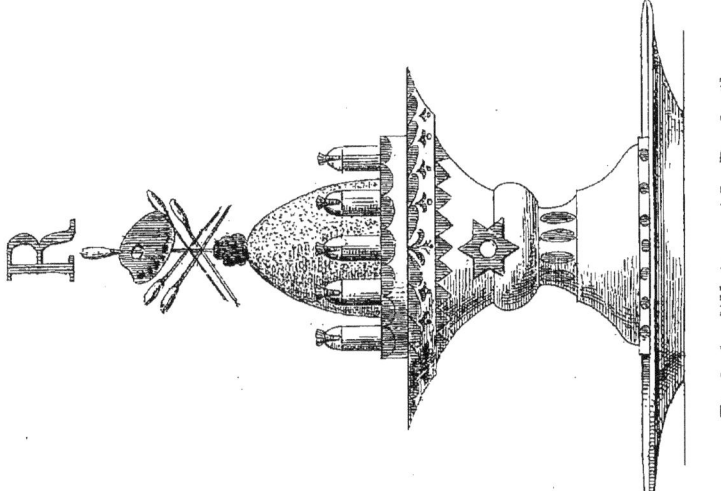

Timbale d'Huîtres à la Raphaël.
Page 146.

Paris. Imp. A.ᵗᵉ Bry.

FILETS DE TURBOT A L'ETTORE FIERAMOSCA.

Prenez des filets de turbot et taillez-les comme des suprêmes de volaille ; faites-les sauter au beurre ; mettez-les sous presse et formez des chaud-froids avec une sauce à la ravigote. Vous placerez sur un plat d'argent une bordure de six centimètres de hauteur que vous ferez avec une farce de poisson. Vous disposerez vos chaud-froids en couronne comme d'habitude et sur chaque filet vous placerez une étoile en truffe avec un petit bouton en blanc d'œuf au milieu. Décorez la bordure à l'entour avec des mêmes étoiles ; entre chacune d'elles placez une petite épée que vous ferez en truffe. Vous garnirez le milieu du plat en pyramide, et autour d'un croûton déjà placé, de couches de homard et filets de sole que vous masquerez avec une magnonnaise tartare. Décorez la pyramide avec des petits cornichons et des petits ognons au vinaigre. Piquez sur le croûton un attelet en forme d'épée ; vous le garnirez d'un petit casque à la romaine fait en carottes, auquel vous adapterez la visière. Finissez de garnir le plat avec de l'aspic.

MAGNONNAISE DE THON A LA VESPUCCI.

Préparez des escalopes de thon pour magnonnaise. Prenez un plat d'entrée en argent ; fixez dessus une croustade en pain frit de huit centimètres de hauteur. Collez à l'entour de la bordure, tout à fait à l'extrémité, de petites coquilles faites aussi en pain frit. Au moment de servir, remplissez le puits de la croustade avec votre thon que vous masquerez par couches avec une magnonnaise mêlée à l'avance d'une julienne que vous ferez en truffes, carottes et feuilles de cerfeuil blanchies. Montez-le tout en pyramide et vous masquerez de manière à ne pas laisser voir le thon. Piquez un attelet garni d'un œuf dur où vous aurez écrit « *Amérique* », puis une grosse truffe, et après la truffe une petite croustade en forme de barque taillée en pain frit. Vous piquerez en couronne sur la truffe de petites crevettes et en mettrez aussi dans la petite barque. Vous garnirez les coquilles chacune d'une différente espèce de poisson : tels que des huîtres, des queues d'écrevisses, des filets de soles et de homards coupés en dés. Toute cette garniture vous la ferez avec des fines herbes à la vinaigrette où vous mettrez très-peu de liquide. Vous garnirez le tour et le bas de la bordure avec de l'aspic brillanté jusqu'à rejoindre les coquilles. Finissez de garnir avec des croûtons d'aspic ronds où vous inscrirez un A en blanc d'œuf et un V en truffe.

MAGNONNAISE DE HOMARD A LA NICCOLO DEI LAPI.

Préparez des homards pour une magnonnaise. Montez celle-ci sur un plat où vous aurez fait une bordure pour la relever un peu. Disposez vos homards par couches, séparées par une magnonnaise à laquelle vous aurez mêlé une bonne quantité de câpres et d'estragon coupée en losange. Donnez la forme d'une pyramide bien masquée de magnonnaise. Dressez debout et attachez à la magnonnaise des filets de soles dans toute leur longueur que vous aurez préparés et bigarrés en forme de filets mignons de volailles; pour les bigarrer vous prendrez : langue, truffes, carottes bien rouges et des petits cornichons au vinaigre. Vous piquerez un attelet sur un croûton monté d'avance sur le plat, et vous le garnirez d'un socle fait avec une carotte bien rouge; autour du socle vous ferez une fleur de lis flanquée de deux croix blanches que vous ferez en navets à moitié blanchis. Vous figurerez sur le socle un petit lion aussi en carottes. Enfin, achevez de garnir le plat avec beaucoup d'aspic brillanté et des quarts d'œuf durs, sur lesquels vous piquerez une petite fleur de lis en carotte. Complétez encore par des croûtons d'aspic; et entre chaque quart d'œuf placez une tranche de homard ornée dans son milieu d'une petite croix rouge taillée dans une carotte.

CHAUD-FROID DE RIS D'AGNEAU A LA BRUNELLESCO.

Prenez des ris d'agneau, faites-les blanchir et cuire dans un bon fond et mettez-les légèrement sous la presse. Vous aurez préparé une bonne tartare où vous incorporerez une quantité de glace de viande pour la faire tenir. Masquez vos ris d'agneau avant qu'ils soient froids et placez-les sur une plaque. Vous les dresserez en pyramide sur un plat d'argent où vous aurez collé un croûton destiné à recevoir un attelet. Cet attelet, que vous placerez dans le milieu, vous l'ornerez d'un écusson fait avec de la langue bien rouge, dans le milieu duquel, et des deux côtés, vous collerez une fleur de lis découpée en blanc d'œuf dur. Autour de la pyramide, vous ornerez le plat de petits moules à madeleines que vous garnirez d'aspic : chaque moule doit être décoré de différentes manières, c'est-à-dire : truffes, langue, blancs d'œufs durs, câpres et feuilles de cerfeuil. Le plat terminé, vous le servirez posé sur un socle fait en graisse et orné comme d'habitude.

FILETS DE LAPEREAU A L'ETRURIA.

Préparez et faites sauter des filets auxquels vous donnerez la forme de filets mignons. Laissez-les refroidir et formez-en ensuite des chaud-froids avec de la sauce poivrade. Placez-les sur un plat d'entrée où vous aurez déjà préparé une bordure de farce de lapereau. Disposez-les en couronne. Garnissez le milieu avec des olives farcies que vous masquerez de très-peu de sauce tartare et seulement pour les tenir. Arrangez-les en pyramide autour d'un croûton sur lequel vous placerez un attelet garni à volonté. Mettez autour du plat un aspic brillanté et des croûtons en demi-lunes que vous placerez en forme de roues. Vous mettrez sur chaque filet une petite étoile en truffe glacée.

HOMARDS A LA BORGIA.

Faites des chauds-froids avec des tranches de homards coupés suivant l'habitude, de la magnonnaise naturelle, partie à la ravigote et partie à la purée de truffes. Vous mettrez dans la magnonnaise de l'aspic pour la faire tenir et vous disposerez le tout sur le plat, en forme de pyramide, ayant soin de placer en dernier les chaud-froids avec les truffes. Garnissez le plat d'un socle sur lequel vous mettrez de l'aspic brillanté. Coupez ensuite des croûtons d'aspic en losanges que vous viderez avec une cuillère à café bien chaude et que vous remplirez avec des truffes hachées très-menu.

MAGNONNAISE DE POISSON AUX QUATRE PORTS DE MER.

Préparez pour une magnonnaise des filets de soles, des homards, des tranches d'esturgeon et des filets de turbot. Faites mariner séparément. Collez au milieu d'un plat d'entrée en argent un croûton de pain frit pour supporter un attelet. Mettez en pyramide les quatre espèces de magnonnaises de manière qu'elles forment quatre coins. Masquez les filets de soles d'une magnonnaise à la **ravigote**, les homards d'une magnonnaise tartare; l'esturgeon en aura une au goût d'anchois que vous donnerez avec de la sauce d'anchois anglaise; enfin, le turbot sera masqué d'une magnonnaise naturelle. Vous séparerez les quatre espèces avec une garniture de queues d'écrevisses. Surmontez la pyramide d'une petite couronne également en queues d'écrevisses et piquez-y un attelet que vous garnirez avec un petit bateau rempli d'anchois que vous taillerez avec de la langue. Garnissez le bas de la magnonnaise avec de l'aspic brillanté et d'espace en espace mettez des ancres que vous ferez avec le même aspic et quelques petits canons en truffes que vous placerez sur un petit croûton d'aspic. Ajoutez aussi de petites boules en truffes. Vous écrirez dans le milieu des quatre côtés avec des truffes et du blanc d'œuf : « Toulon, Gênes, Portsmouth et Cronstadt. »

FILETS DE SOLES A LA DISTINGUÉE.

Préparez des rouleaux de soles farcis au goût de champignons; faites-les cuire, et, lorsqu'ils seront froids, parez-les le mieux possible et avec de l'allemande faites-en des chaud-froids. Prenez ensuite un moule à charlotte dans lequel vous ferez prendre une chemise d'aspic tout autour. Décorez le bas avec des étoiles en blancs d'œufs et truffes. Placez votre chaud-froid de soles en couronne; faites-en une couche, puis une couche d'aspic. Mettez des truffes moyennes dans le milieu et finissez de remplir ainsi votre moule. Garnissez le tour de petites timbales d'aspic décorées de la même façon que votre moule.

PAIN DE FOIE GRAS A LA LIBERTÉ.

Formez comme d'habitude un pain de foie gras dans un moule à cylindre. Au moment de le servir, mettez un attelet au milieu à l'aide d'un croûton que vous aurez fait sur le plat. Garnissez l'attelet d'une grosse truffe sur les quatre côtés de laquelle vous écrirez : « Alliés », et vous piquerez deux petits drapeaux que vous ferez en soie, l'un aux trois couleurs françaises, l'autre aux couleurs italiennes. Vous écrirez sur le blanc des deux drapeaux le mot *liberté* ; vous garnirez le tout avec des croûtons d'aspic en couronne comme d'habitude, seulement vous collerez sur les pointes que vous couperez quelques morceaux de blancs d'œufs coupés en losanges. Vous pourrez les coller avec le même aspic ou de la glace. Vous décorerez la face du croûton d'aspic d'une petite étoile de blanc d'œuf. Vers la moitié du pain, vous ferez aussi des étoiles avec des truffes et du blanc d'œuf. Vous placerez le pain sur un socle de la hauteur de huit centimètres que vous aurez préparé d'avance sur le plat. Finissez de garnir le tour du pain de foie avec un turban de chaud-froids de cailles et vous mettrez sur le reste du plat de la gelée à volonté. Seulement vous ornerez les croûtons de blancs d'œufs, de truffes et langue.

BASTION DE SOLES A LA CRONSTADT.

Faites sauter des filets de soles au beurre et préparez-les comme pour une magnonnaise. Prenez quatre moules à charlotte de la largeur de huit centimètres, masquez-les avec de l'aspic et formez avec du blanc d'œuf et des truffes des séparations en forme de briques. Ensuite passez sur le tout une chemise d'aspic, et puis attachez, bien alignés, les filets de soles que vous aurez touchés dans l'aspic et masquez complétement ainsi les moules. Une fois les filets bien attachés, vous remplirez avec un appareil de magnonnaise à la ravigote dans laquelle vous aurez mis de l'aspic pour la tenir bien ferme. Ajoutez une certaine quantité d'huîtres et de queues d'écrevisses, quelques filets de soles coupés en dés et une livre de truffes également coupées en dés. Remplissez-en vos quatre moules et au moment où vous les démoulerez pour servir, placez trois moules sur le plat et le quatrième par-dessus les trois autres. Mettez ensuite au milieu un petit croûton rond en aspic et piquez dessus un attelet avec le drapeau russe. Garnissez le sommet des moules avec des petits canons en truffes et le tour du plat avec beaucoup d'aspic brillanté et de distance en distance des petites boules en truffes.

DARNE D'ESTURGEON A LA GRANDE RIVIÈRE.

Préparez une bonne darne d'esturgeon pour servir froide, comme d'habitude. Une fois prête et bien parée, coupez-la en tranches, puis replacez ces dernières dans leur première forme. Mettez entre chaque tranche de la magnonnaise à la ravigote où vous aurez mis de l'aspic pour la faire tenir bien ferme. Placez un plat d'argent dans la glace et remplissez-le d'aspic jusqu'au bord. Une fois bien pris, placez un socle d'aspic dans le milieu du plat et de la largeur de la darne. Vous ferez prendre le socle dans une casserole, vous le couperez et vous y placerez votre darne, que vous masquez complétement avec votre magnonnaise. Décorez-la avec du blanc d'œufs durs et des truffes, et garnissez le tour du socle avec des petites crevettes dont vous aurez épluché la queue.

Finissez de garnir votre plat en mettant autour de sa bordure des petites darioles d'aspic auxquelles vous ajouterez des bouquets de cerfeuil. Les deux que vous placerez aux bouts du plat devront être moitié plus larges que les autres et vous piquerez au milieu un petit arbre que vous ferez avec du persil. Garnissez le milieu de la darne d'un attelet garni.

GALANTINE DE CHAPON A LA PERSANO.

Prenez un chapon et faites-en, suivant l'habitude, une galantine et une farce. Quand vous garnirez votre chapon, vous mettrez une couche de farce, truffes, langue et lard à piquer que vous couperez en forme de bouchons, et sur chaque couche de la garniture ci-dessus, vous étendrez une certaine quantité de pistaches auxquelles vous mêlerez des truffes faites à la cuillère légumes, rondes, de grandeur moyenne, et vous finissez ainsi votre galantine.

Au moment de la servir, garnissez-la d'aspic, de chaud-froids de volailles et d'ortolans que vous aurez fait rôtir. Vous ôterez la barde et vous placerez les ortolans aux deux bouts du plat et les chaud-froids de chaque côté du plat, et finissez le reste avec de l'aspic. Mettez au milieu trois attelets garnis. Dans celui du centre vous formerez un petit bateau avec de la langue, et les ornements du bateau avec du blanc d'œuf que vous fouetterez, laisserez écouler et pocherez ensuite dans un moule à charlotte.

HURE DE SANGLIER A LA MACHIAVEL.

Prenez une hure de sanglier et un appareil pour la farcir. Avant de remplir la tête, vous mettrez tout à fait au centre, dans l'intérieur, un peu plus du côté par où on la coupe ordinairement, un filet de bœuf que vous aurez cloué avec des truffes et du lard à piquer et que vous aurez fait cuire à moitié dans un bon fond et beaucoup de madère. Ce filet ne doit pas être trop gros. Vous finirez alors votre tête. Au moment de la servir, garnissez-la avec beaucoup d'aspic brillanté et des cailles en galantine. Coupez des croûtons d'aspic en forme de cœurs. Sur chaque croûton figurez autant que possible les armes de plusieurs nations. Vous mettrez sur la hure trois attelets garnis. Dans celui du milieu vous ferez sur une truffe une grande lettre M.

GALANTINE DE CANETON A LA UNTERBRUHL.

Formez une galantine de caneton de Rouen. La farce comportera un tiers de chair de lièvre. Celle-ci préparée, mettez-la dans une terrine avec une livre de lard à piquer coupé en dés de 2 centimètres, une demi-livre de poitrine, une livre de truffes moyennes entières. Mêlez le tout. Au moment de remplir le caneton, mettez de temps en temps quelques morceaux de saucisse et quelques morceaux de foie gras que vous aurez fait blanchir d'avance et finissez le remplissage; faites cuire comme d'habitude. Au moment de servir, garnissez d'aspic à volonté, ajoutez de petites timbales d'aspic garnies intérieurement de magnonnaises de plusieurs espèces, telles que ravigote, fines herbes, goût d'anchois et naturelle. Vous mettrez un peu d'aspic dans chaque magnonnaise pour la faire tenir. Vous piquerez sur la galantine un attelet garni de deux grosses truffes, sur lesquelles vous piquerez de petits attelets en argent garnis chacun de petites mauviettes farcies auxquelles vous aurez laissé les pattes.

DES ROTS.

DES ROTS.

BÉCASSES AUX CROUTONS FARCIS A LA NORCIA.

Faites rôtir comme d'habitude; seulement, sur un appareil de croûtons, mettez une certaine quantité de truffes, hachées très-fin. Au moment de servir, placez les bécasses dans le milieu du plat, les croûtons aux deux bouts, et mettez, sur les côtés, des mauviettes placées elles-mêmes sur un petit croûton.

CANETON A LA LAND-STRASSE.

Faites rôtir le caneton. Au moment de servir, placez-le au milieu du plat. Faites, en même temps, rôtir des canards sauvages; coupez les filets et dressez-les aux deux bouts du plat. Mettez du cresson sur les côtés.

FAISANS GARNIS A LA GUERRAZZI.

Faites rôtir des faisans. Au moment de les servir, garnissez-les de grives à la florentine rôties de la manière suivante : Coupez des croûtons de mie de pain de la longueur des grives et d'un centimètre d'épaisseur. Prenez une brochette et commencez par enfiler un croûton avec deux feuilles de sauge fraîche, puis la grive, et ainsi de suite. Vous les ferez rôtir à un feu vif et vous en garnirez vos faisans.

OIE A LA NELSON.

Faites rôtir une oie farcie de toffins anglais, et, quand vous la servirez, garnissez-la de sarcelles glacées.

ORTOLANS ET BECFIGUES A L'AMANTE.

Faites rôtir des becfigues et des ortolans suivant l'habitude. Faites également rôtir des cailles. Mettez un croûton au milieu du plat, entourez-le avec les cailles; placez les ortolans et les becfigues au milieu du croûton et garnissez le tour du plat avec du cresson, en plaçant un demi-citron de distance en distance.

ORTOLANS A LA SULTANE.

Faites rôtir les ortolans. Placez-les sur des croûtons en demi-lune. Farcissez vos croûtons avec une farce de foie gras, comme pour les croûtons de bécasses; faites rôtir aussi des faisans que vous mettrez dans le milieu du plat et que vous garnirez avec les croûtons et les ortolans ci-dessus.

CHAPONS NOUVEAUX GARNIS DE GRIVES.

Traitez ce rôt comme d'habitude.

DINDONNEAU A LA TIBÈRE.

Faites rôtir des dindonneaux de choix et garnissez-les de sarcelles truffées.

POULETS AU ROI DE ROME.

Prenez de jeunes poulets; bardez-les bien, faites-les rôtir. Vous les garnirez de petits groupes de mauviettes et cresson.

DES ENTREMETS DE LÉGUMES.

DES ENTREMETS DE LÉGUMES.

CHOUFLEURS A L'AGRÉABLE.

Prenez le sommet des choufleurs et faites cuire à point dans du bouillon. Passez ensuite, au beurre, une échalote hachée très-fin. Ajoutez des fines herbes, que vous laisserez revenir, et aussi des champignons à la bourgeoise. Mêlez le tout avec les choufleurs. Dressez-les sur un plat en forme de pyramide, masquez-les d'une sauce allemande bien réduite et dorez-les avec des jaunes d'œufs. Faites des croûtons que vous dorerez et garnissez-en le plat en couronne. Vingt minutes avant de servir, mettez le plat au four.

FLAGEOLETS A LA OPORTO.

Faites des flageolets à la bretonne; ajoutez-y la même quantité de champignons, coupés en quatre, que vous aurez fait cuire à l'étouffée. Servez-les dans une casserole d'argent et garnissez-les avec des têtes de céleris glacés.

CONCOMBRES FARCIS A LA BELLE CÉSIRE.

Faites une farce de mie de pain. Passez un petit

ognon au beurre. Ajoutez-y des fines herbes et des champignons et jetez la mie de pain dedans avec du bon jus. Faites-la cuire et assaisonnez-la bien. Mettez-y du fromage râpé et des jaunes d'œufs à proportion. Remplissez de cette farce vos concombres, que vous aurez déjà fait blanchir, et faites-les pocher, comme d'habitude, dans de bon bouillon blanc. Quand vous les servirez, placez-les sur un croûton de pain. Saucez-les avec une demi-glace et vous garnirez le milieu du plat avec des épinards au jus.

PETITS POIS A LA CONSTANTINE.

Faites blanchir et cuire d'un bon goût des fonds d'artichauts. Au moment de les servir, remplissez-les avec des petits pois, aussi fins que possible, que vous ferez cuire à la française, bien épais, et auxquels vous mêlerez des filets de volaille, sautés au beurre et coupés en dés, un peu plus gros que les petits pois. Vous mettrez dans le plat un peu de demi-glace.

HARICOTS VERTS A LA MARMORA.

Faites passer une échalote au beurre. Lorsqu'elle est bien cuite, ajoutez cinq ou six anchois, plus une cuillerée de farine. Laissez cuire pendant deux minutes, en tournant toujours. Mouillez avec un bon jus; mettez une pointe de poivre de Cayenne et laissez cuire encore quatre ou cinq minutes. Le jus doit être bien coloré. Cela fait, mettez dedans les

DES ENTREMETS DE LÉGUMES.

haricots blanchis et bien verts et servez-les dans un vol-au-vent haut de cinq centimètres, mais beaucoup plus large.

MACÉDOINE DE LÉGUMES A L'INDIENNE.

Faites une purée d'ognons bien blanchie et ajoutez-y un peu de glace de viande. Passez-la dans un plat à sauter, dans lequel vous mettrez la macédoine que vous aurez déjà préparée. Vous ferez passer au beurre une demi-livre de jambon cuit, que vous couperez en dés; ensuite, vous jetterez dedans cinq cents grammes de riz. Mouillez avec un bouillon blanc. Assaisonnez et ajoutez-y une pointe de kary. Servez la macédoine dans une casserole et le riz dans un plat d'argent.

ARTICHAUTS A LA BOUDOUAOU.

Prenez des artichauts, préparez-les et coupez-les en quatre. Faites-les blanchir et sauter au beurre. Mettez-les ensuite de côté. Faites une sauce tortue de la consistance d'une sauce espagnole, assaisonnée avec une pointe de poivre de Cayenne. Quand elle sera prête, mêlez-y une certaine quantité de tête de veau, coupée en dés, que vous aurez fait cuire, et, au moment de servir, vous la jetterez dans le sauté avec les artichauts. Mêlez le tout bien ensemble et servez dans une casserole d'argent. Vous garnirez avec de petits croûtons à la moelle. Faites attention que la tête de veau ne soit pas trop cuite.

PETITES CAROTTES A LA NORVÈGE.

Prenez cinq cents grammes de poitrine, coupez-la en dés d'un centimètre carré. Faites blanchir et passer au beurre. Jetez-y vos petites carottes tournées. Assaisonnez et mouillez-les avec un bon jus. Ajoutez un bouquet garni et faites-les cuire. Laissez-les tomber à glace. Dégraissez-les et mettez dedans cinq ou six champignons, coupés en tranches. Laissez cuire les champignons. Ajoutez un peu d'espagnole et servez dans une casserole d'argent.

POINTES D'ASPERGES A LA PETRARCA.

Faites une purée de volaille de l'épaisseur d'une sauce à petits pâtés. Mêlez-y les pointes d'asperges, que vous aurez préalablement fait cuire dans du jus bien coloré, et servez-les dans de petits vol-au-vent sur un plat avec une serviette.

ARTICHAUTS AU RETOUR DE LA CHASSE.

Prenez des fonds d'artichauts blanchis. Placez-les sur un plat et garnissez-les de quatre morceaux de saucisson, que vous aurez fait cuire à part. Saucez-les avec une sauce à la maître d'hôtel. Servez séparément, dans un plat, du riz cuit avec de bon bouillon, auquel vous ajouterez un morceau de beurre frais.

TIMBALE D'ÉPINARDS A LA FLEUR.

Préparez des épinards comme pour en faire une timbale. Beurrez un moule et décorez-en le fond, au milieu, avec une grosse étoile faite de carottes et de navets blanchis. Décorez également le reste du moule. Quand les épinards seront bien froids, remplissez le moule aux deux tiers. Préparez une bonne macédoine de légumes mêlée avec une espagnole bien réduite et que vous introduirez dans le milieu de la timbale sans lui faire toucher le fond. Couvrez-la bien et faites pocher votre timbale une demi-heure avant de servir. Servez une demi-glace dans une saucière.

TIMBALE DE CHICORÉE A LA VIOLETTA.

Préparez de la chicorée comme les épinards à la fleur. Décorez le moule de langue et truffes suivant votre idée, mais ne décorez pas le fond du moule. Mettez, dans l'intérieur de la timbale, une certaine quantité de petits champignons cuits et liés avec une allemande réduite. Procédez comme il est dit à l'article précédent. Quand vous aurez démoulé, prenez des pointes d'asperges que vous aurez fait cuire d'avance et faites-en un bouquet, que vous réunirez avec un anneau de langue. Vous placerez, au milieu, une petite rose en navet et vous servirez une sauce allemande dans la saucière.

CHAMPIGNONS A L'IMPÉRATRICE.

Faites une bonne purée de volaille de l'épaisseur d'une sauce allemande, ajoutez-y des jaunes d'œufs en quantité nécessaire pour la faire tenir. Ayez vingt-quatre beaux champignons cuits dans du bouillon blanc, coupez-les en tranches, mêlez-les avec la purée de volaille et servez-les dans une casserole d'argent. Quinze minutes avant de servir, mettez-les au four pour les faire prendre sans les colorer.

LES TRUFFES NOIRES A MON GOUT.

Épluchez de grosses truffes; mettez-les crues dans une terrine; assaisonnez-les bien de sel, poivre, noix muscade, bouquet garni, six anchois coupés en tranches, demi-livre de jambon avec demi-bouteille de madère, et mettez tout cela dans une casserole d'argent. Faites du fétage à douze tours. Couvrez la casserole avec ce fétage. Faites quelques décors dessus et, un quart d'heure avant de servir, mettez-la au four. Servez la casserole sur un plat avec une serviette, et dans un plat séparé servez du beurre en coquilles.

TRUFFES BLANCHES A LA VICTOR-EMMANUEL.

Prenez un ognon moyen, coupez-le en tranches le plus fines possible. Mettez-le dans le coin d'une serviette et lavez-le en le touchant seulement dans l'eau. Faites-le passer dans une casserole avec cent grammes de beurre, une portion d'huile d'olive et quatre anchois. Faites cuire pendant cinq minutes, la casserole bien couverte, sur un feu un peu vif. Ensuite, mettez le tout dans une casserole d'argent avec les truffes, bien préparées et coupées en tranches très-fines et que vous aurez déjà assaisonnées. Vous ferez cuire le tout deux minutes avant de servir sur un feu très-vif, tout près de la salle à manger, et, au besoin, sur un petit fourneau portatif. Pour un amateur de truffes blanches, c'est la seule manière de les traiter en Piémont.

TRUFFES NOIRES.

Préparez de grosses truffes et coupez-les en tranches d'une épaisseur d'un centimètre. Coupez aussi douze tranches de jambon de la même épaisseur. Mettez-les dans une casserole; assaisonnez-les avec du sel, une pointe de poivre de Cayenne et un bouquet garni. Couvrez-les avec du papier beurré double. Mettez, auparavant, une demi-bouteille de bon vin de Bordeaux. Dix minutes avant de servir, vous couvrirez bien et ferez partir sur un feu très-vif. Otez le bouquet, versez le reste dans une casserole d'argent, que vous couvrirez vivement, et servez.

MACÉDOINE AUX MUSICIENS.

Faites une bonne macédoine de légumes, liez-la avec une sauce allemande et servez-la dans une croustade de riz, déjà préparée sur un plat assez large. La croustade ne devra pas avoir plus de huit centimètres de hauteur. Vous garnirez le tour intérieur de quenelles à la soubise. Cette soubise devra être cuite dans un moule à charlotte, puis, coupée en carrés, en cœurs et en ronds. Conservez une petite quantité de la même farce, à laquelle vous ajouterez un peu de ravigote. Figurez quelques notes de musique sur les quenelles et découpez différents instruments, toujours avec la même farce. Mettez au four pour faire prendre. Glacez un peu et servez.

MACARONI A LA ROSSINI.

Faites cuire aux trois quarts, dans l'eau salée, une livre de macaroni, que vous égoutterez bien dans une passoire. Remettez dans la casserole où la cuisson a eu lieu et versez par-dessus une demi-livre de très-bon jus. Placez la casserole de manière qu'elle se tienne toujours chaude et de temps en temps sautez adroitement le macaroni sans le briser. Lorsque le jus aura été entièrement absorbé, transvasez par couches dans une casserole d'argent. Sur chaque couche, répandez une certaine quantité de fromage parmesan râpé, de premier choix, et ajoutez-y suffisamment de tranches de truffes que vous aurez mêlées à une bonne sauce espagnole. Sur la dernière couche, vous mettrez les tranches de truffes plus nombreuses et vous les accompagnerez de rognons de chapon préparés de même. Présentez à part sur une assiette d'argent du parmesan râpé.

DES ENTREMETS DE DOUCEURS

DES ENTREMETS DE DOUCEURS.

GATEAUX A LA DÉMIDOFF.

Beurrez un moule à cylindre, mettez-y une couche de pâte génoise bien trempée dans le marasquin ; ensuite une couche de compote de pêches et une de macarons écrasés. Recommencez par la génoise et ainsi de suite juqu'à la fin. Vous terminerez avec une crème ordinaire au goût de fleur d'oranger. Faites cuire au bain-marie. Quand vous servirez cet entremets, présentez dans une saucière du marasquin auquel vous aurez ajouté de petites tranches d'ananas.

CRÈME A L'IMPÉRATRICE.

Faites une crème très-parfumée de vanille et faites-la cuire dans un moule à gelée bien beurré. Au moment de la servir, garnissez le plat d'une purée d'ananas. Vous mettrez dans une casserole d'argent une macédoine de fruits que vous lierez avec de la purée d'ananas au marasquin.

PYRAMIDE A LA RÉUNION.

Prenez des poires, des pommes et des pêches, faites-les cuire en compote au goût de cannelle ;

prenez tous les fruits confits possibles; dressez sur un plat d'argent une pyramide de hauteur moyenne; masquez la pyramide avec une bonne crème pâtissière au marasquin. Dorez avec des jaunes d'œufs et faites tomber dessus des macarons en chapelure; garnissez-la de petites croquettes de la même pâte dans lesquelles vous aurez mis un salpicon de cédrat. Servez dans une saucière de la marmelade d'abricots au madère avec beaucoup d'amandes d'abricots.

CHARLOTTE-MAGENTA A LA MAC-MAHON.

Beurrez le moule fortement, décorez-le d'ananas en tranches rondes, percées d'un trou au milieu, pour y placer, ici une cerise confite et là une mirabelle; décorez tout le moule. Faites cuire ensuite trois quarts de biscuits avec un peu de sucre et du lait, mêlez-y un peu de marasquin et un peu de cognac. Mettez aussi un quart de marmelade d'abricots, une demi-livre de cerises confites et autant de mirabelles dont vous aurez ôté les noyaux. Ajoutez les jaunes d'œufs nécessaires et faites cuire, après avoir rempli votre moule, une demi-heure avant de servir. Démoulez sur un plat; garnissez le dessus avec une pyramide de mirabelles et autour de petits canons de cédrat. Garnissez le bas de la charlotte de toutes petites croustades de riz que vous viderez et dorerez avec du jaune d'œuf en dedans. Vous les mettrez ensuite sécher au four, et au moment d'entrer dans la salle à manger, vous les remplirez de cognac et vous y mettrez le feu. Servez une zanbayonnaise dans laquelle vous mettrez du cognac.

BATEAUX AU CABLE TRANSATLANTIQUE.

Faites cuire du riz au goût d'orange. Pilez-le un peu dans un mortier, placez-le ensuite sur une plaque beurrée. Faites un bateau que vous décorerez avec de l'œuf battu dans lequel vous aurez mis un peu de vert d'épinards pour faire une couleur vert clair. Donnez un coup de four pour faire sécher. Placez le bateau sur un plat d'argent, et au moment de servir, garnissez le tour du plat avec du sucre effilé. Au milieu du bateau, faites au cornet, et avec une purée de marrons, une grosse pelote de la largeur du bateau. Garnissez le milieu du plat d'une macédoine de fruits que vous lierez avec un peu de marmelade d'abricots au goût de marasquin. Garnissez l'intérieur du bateau de fruits confits chauds. Vous servirez dans une saucière une zanbayonnaise au goût de vanille avec un peu de marasquin.

Observation. — On peut aussi offrir froid cet entremets; mais quand je l'ai servi, il était plus chaud que froid, à cause de la purée de marrons.

CRÈME A LA SAINT-DOMINGUE.

Faites cuire du riz à la cannelle, mettez-le dans une terrine vernie. Faites ensuite une crème simple au goût d'orange, mettez-la au feu et faites-la prendre à moitié. Passez-la sur le riz et mêlez-la bien ; ajoutez-y une demi-livre de raisins de Smyrne, mêlez et laissez refroidir. Une demi-heure avant de servir, vous la ferez pocher dans un moule à gelée que vous aurez masqué de caramel. Servez dans une saucière du caramel au goût d'orange et au moment de verser dans la saucière, ajoutez-y un peu de cognac.

GATEAU A LA CONFÉDÉRATION GERMANIQUE.

Faites un appareil de crème de riz comme pour souffler, cuisez et mettez dans une terrine. Lorsque la crème sera à moitié froide, ajoutez-y une certaine quantité de jaunes d'œufs; mêlez-y 800 grammes d'une bonne macédoine de fruits que vous ferez cuire dans du sirop au goût d'anisette. Une demi-heure avant de la mettre au feu, joignez-y huit blancs d'œufs fouettés. Faites cuire au bain-marie dans un moule à cylindre. Servez dans une saucière un sirop de framboises auquel vous donnerez un petit goût d'anisette.

TIMBALE A LA GRANDEUR DE LA FRANCE.

Beurrez un moule bien froid, décorez le fond de deux rameaux de laurier taillés dans du cédrat; mettez entre les rameaux une N faite également en cédrat. Ornez le rond du fond avec des petits canons et des balles de la grosseur des balles de fusil de même nature. Décorez d'une couronne les côtés du moule. Faites un appareil de pâte génoise que vous ferez cuire dans du lait comme pour un soufflé. Lorsqu'il est refroidi, ajoutez-y la quantité nécessaire de jaunes d'œufs pour le tenir. Ayez une bonne compote de demi-pêches et des tranches d'ananas de la même grandeur; faites cuire cette compote dans un sirop composé d'une bouteille de champagne, d'un demi-flacon de marasquin et de 300 grammes de sucre. Égouttez la compote dans une serviette et passez le sirop dans un bain-marie. Pour servir, disposez dans le moule la première couche avec de la pâte génoise, ensuite avec les pêches; étalez-y aussi quelques cerises confites, mettez encore un peu d'appareil et enfin l'ananas. Continuez dans cet ordre jusqu'à la fin ; faites en sorte, en montant le moule, de mettre beaucoup d'appareil sur les côtés et pas trop dans l'intérieur. Vous placerez la dernière couche de farce, faite au bain-marie trois quarts d'heure avant de servir la timbale. Glacez le plat avec du sirop et mettez le reste dans une saucière.

TIMBALE A LA RÉGÉNÉRATION ITALIENNE.

Faites cuire dans un moule rond à pâté une caisse de pâte frolle, que vous ferez toute avec du beurre. Lorsqu'elle est cuite, démoulez-la et décorez-la au cornet avec de la glace royale de couleurs blanche, rouge et verte. Faites la caisse sans couvercle et remplissez-la, au moment de servir, d'une bonne compote de poires coupées en deux, d'abricots cuits en rouge et de grosses amandes bien vertes. Montez votre caisse avec ces compotes, et placez comme dernier tour de la garniture, des amandes sur le bord de la timbale ; le second tour, à côté des amandes, sera en poires ; l'autre, pour finir de la former, sera en abricots bien rouges. Vous la servirez au naturel sur un plat à serviette. Les fruits doivent être chauds. Vous servirez dans une casserole d'argent un flacon de marasquin dans lequel vous mêlerez du sirop pour le rendre un peu plus doux ; vous mettrez aussi dans la casserole de petits puddings de cabinet que vous ferez cuire dans des moules à darioles.

POIRES A LA CRÈME CACHÉE.

Prenez de grosses poires, faites-les cuire à moitié dans un sirop, faites-les ensuite égoutter soigneusement sur une serviette. Mettez-les sur une grille à pâtisserie et faites-les sécher le plus possible ; préparez une crème pâtissière dans laquelle vous mettrez beaucoup de macarons écrasés et une portion de cédrat coupé très-fin. Joignez-y des jaunes d'œufs en quantité nécessaire pour la faire tenir. Ajoutez un peu de cognac et avec cet appareil remplissez toutes vos poires. Enveloppez-les chacune dans un morceau de linge. Vous les ferez cuire 20 minutes comme un plumpudding ; seulement vous les ferez cuire dans un sirop très-long au goût d'orange et dans lequel vous mêlerez un verre entier de cognac. Vous servirez sur un plat avec une serviette et vous mettrez dans une saucière une zanbayonnaise au goût d'anisette.

PUDDING A LA REINE DE PORTUGAL.

Faites blanchir et cuire 500 grammes de riz et donnez-lui un bon goût d'orange. Passez à l'étamine et mettez-le dans une terrine. Ajoutez un quart d'amandes pilées et passées; mettez-y des jaunes d'œufs, et vingt minutes avant de servir faites cuire au bain-marie dans un moule à gelée. Une fois prêt, remplissez le puits du milieu avec du cédrat et des pistaches coupés très-menu et mettez autour du plat des quarts d'oranges. Vous lierez les cédrats et les pistaches avec de la marmelade d'abricots. Servez dans une saucière du caramel au goût de marasquin.

TIMBALE AU 15 SEPTEMBRE 1864.

Beurrez un moule à charlotte bien froid; masquez-le entièrement de filets d'amandes confites et bien vertes. Faites une forte pâte pâtissière dans laquelle vous mettrez des jaunes d'œufs en quantité suffisante pour la faire tenir très-ferme. Masquez à la hauteur d'un centimètre et demi. Remplissez le reste du moule avec de petites ancres formées avec de l'ananas, du cédrat, des poires, des amandes et une certaine quantité de cerises confites. Vous ferez aussi de tout petits canons en cédrat. Vous mêlerez tout cela avec un peu de marmelade d'abricots au madère qui ne soit pas trop serrée pour que, la timbale étant cassée, on puisse reconnaître ce qu'elle contient. Couvrez votre timbale avec une partie de crème pâtissière ; faites-la cuire une demi-heure avant de la servir et servez-la sur un plat avec un peu de marmelade au madère que vous aurez conservée. Mettez de la même sauce dans une saucière.

LA CHARLOTTE A LA BAZAINE.

Garnissez comme d'habitude un moule à charlotte avec du pain ; préparez des quarts de poires pour remplir la charlotte. La cuisson faite, mêlez-les avec une purée de coings. Ajoutez un quart d'amandes pilées avec un peu de sucre ; donnez un goût de cognac et remplissez votre moule. Vingt minutes avant de servir, faites-la cuire ; mettez dans la saucière une zanbayonnaise, au goût de cognac, le plus épaisse qu'il sera possible.

POMMES A LA BÉDOUINE.

Faites un trou au milieu de très-grosses pommes ; faites-les cuire en compote ; laissez-les ensuite égoutter sur une serviette. Lorsqu'elles seront froides, mettez-les sur une plaque et remplissez le trou d'une purée de macarons où vous aurez mis quelques jaunes d'œufs ; glacez-les avec du sucre. Dix minutes avant de les servir, mettez-les au four et servez-les sur un plat avec une serviette. Mettez dans une saucière un sirop de pommes au marasquin.

QUENELLES A LA CAVOUR.

Faites une purée de marrons au goût de vanille; mettez-la dans une terrine et ajoutez-y une certaine quantité de pâte d'amandes. Prenez des jaunes d'œufs en proportion et formez vos quenelles à la cuillère à bouche. Vous mettrez dans chaque quenelle un peu d'ananas coupé en dés, que vous ferez tenir avec un peu de marmelade d'abricots. Vous garnirez le milieu du plat avec une purée de pêches. Faites un caramel liquide dans lequel vous ajouterez un peu de marasquin. Saucez et versez le reste dans une saucière.

PETITS PUDDINGS A LA RICASOLI.

Prenez deux livres de brioches cuites, écrasez-les bien comme il faut dans une terrine avec un flacon de marasquin, un peu de cognac et un demi-litre de crème de thé. Travaillez bien le mélange jusqu'à ce qu'il ait la consistance d'un pain. Mêlez-y une certaine quantité de marmelade d'abricots, ajoutez-y des jaunes d'œufs en quantité suffisante. Réunissez le tout et faites cuire pendant six heures. Vingt minutes avant de le faire cuire, vous y mêlerez deux blancs d'œufs fouettés. Faites cuire ces puddings dans des moules à darioles, dressez-les en pyramide sur un plat et servez avec une zanbayonnaise au lait, naturelle.

POMMES A LA LICHTENSTEIN.

Faites une compote de demi-pommes, faites-en une également avec des tranches d'ananas. Arrangez vos pommes et vos ananas sur un plat ovale en argent en forme de pyramide; laissez aux deux bouts du plat une place où l'on puisse mettre une demi-pomme. A chaque couche de compote, mettez sur le plat une purée de pommes dans laquelle vous aurez mis beaucoup de pistaches coupées très-fin; masquez la compote avec de la pâte à gaufres, mettez au four, et puis décorez de plusieurs dessins faits avec le coupe-pâte. Vingt-cinq minutes avant de servir, placez dans les deux bouts du plat une compote que vous formerez avec des tranches d'ananas en pyramide sur les pommes. Vous servirez dans la saucière une sauce d'abricots au madère et vous glacerez le plat avec la même sauce.

POIRES A LA HOLLANDAISE.

Faites une compote avec des poires entières que vous mettrez dans un sirop avec un peu de rhum et du zeste de citron. Mettez-les, étant cuites, dans une casserole d'argent. Vous ferez une zanbayonnaise très-épaisse, en y mêlant une partie du sirop des poires. Vous verserez le tout dans la casserole d'argent que vous recouvrirez à moitié. Servez sur un plat et une serviette de petits bâtons de pâte d'amandes froids.

CHARTREUSE A LA CHARMANTE.

Décorez un moule à charlotte ; faites au fond une étoile verte avec des amandes et décorez le tour de l'étoile avec des amandes rondes et en losanges. Décorez les bords du moule avec du cédrat et des cerises, en forme de petits pavillons. Vous formerez au bas du moule un petit balcon avec des bâtons en poire ; beurrez-le très-fort. La garniture doit avoir un centimètre d'épaisseur, afin qu'une fois remplie, il soit plus facile de la détacher. Une fois terminé, mettez le moule un peu à la glace. Faites une purée de coings au goût d'anisette ; lorsqu'elle est bien épaisse, ajoutez-y sept ou huit jaunes d'œufs. Mettez pour remplir le moule une quantité suffisante de raisins de Malaga, de Corinthe, de Smyrne, de cédrat, d'ananas et de poires coupées grosses trois fois comme le raisin de Corinthe. Vous ferez cuire tout cela dans un sirop à l'anisette, puis vous l'égoutterez dans une serviette. Mêlez avec la purée de coings, à laquelle vous aurez donné un très-bon goût. Cinq minutes avant de servir, remplissez votre moule et démoulez avec soin. Servez la chartreuse naturelle sur un plat, et dans une saucière, une zanbayonnaise à l'anisette.

PÊCHES A LA CONCORDE.

Faites une bonne compote de pêches et laissez-la ensuite égoutter sur une serviette. Quand elle sera froide, montez-la en pyramide sur un plat d'argent,

Mettez entre chaque couche de la pâte de pistache dans laquelle vous mêlerez un peu de sirop de pêches. Masquez après toute la pyramide avec la même pâte. Faites ensuite une pâte frolle ordinaire et masquez-en encore la pyramide; décorez-la avec cette pâte, dorez-la, et vingt minutes avant de servir, mettez-la au four; faites-lui prendre couleur et servez un sirop à l'anisette dans une saucière.

TIMBALES AUX ARMÉES DE FRANCE ET D'ITALIE RÉUNIES.

Faites un baba bien cuit. Vingt minutes avant de le servir, videz-le le plus possible et remplissez-le avec une macédoine de fruits faite de petites oranges, de poires, de cerises, de macarons, de mirabelles, d'ananas. Vous aurez préparé une purée de tous ces fruits dans laquelle vous aurez mis beaucoup de vanille et un arome de kirsch. Au moment de servir, remplissez le baba, mettez-le sur un plat et garnissez-le de petites bouchées à la marmelade d'abricots. Servez dans une saucière une sauce d'abricots au madère dans laquelle vous aurez mis des noyaux d'abricots.

SAVARIN A LA BOURSE.

Faites un savarin que vous retirerez du four un quart d'heure avant de le servir et dans lequel vous mettrez des filets de pistaches et d'amandes. Placez-le sur un plat, garnissez le milieu avec une compote de poires que vous aurez coupées avec la boîte à colonnes de la largeur de trois centimètres et de l'épaisseur d'un centimètre. Coupez ensuite de la même manière du cédrat large seulement de deux centimètres ; réunissez cela avec une marmelade d'abricots au goût de madère. Garnissez le tour du savarin de petits panequets au cognac que vous plierez comme on plie un billet de banque. Servez dans une saucière de la sauce d'abricots au madère.

CORBEILLE AU GRAND BOULEVARD.

Préparez d'avance une corbeille en riz, dorez-la fortement avec du jaune d'œuf, mettez-la au four pour la faire sécher, retirez-la ensuite et décorez-la avec des amandes et au cornet. Au moment de servir, remplissez-la de quenelles de pêches avec un peu de pâte d'amandes et des quenelles de toutes sortes de fruits. Pour la rendre un peu verte, mêlez-y du vert d'épinards. Pour former ces quenelles, traitez-les à la cuillère à bouche ; vous ferez bien réduire la purée, vous la passerez à l'étamine, vous y mêlerez un peu d'appareil en crème de riz, comme pour soufflés, ajoutez quelques jaunes d'œufs et faites cuire de nouveau pendant cinq ou six minutes. Mettez dans une terrine, laissez refroidir ; ajoutez des jaunes d'œufs pour faire tenir. Donnez un bon goût aux deux espèces : aux pêches avec la pâte d'amandes, et aux autres fruits avec de la vanille en poudre. Évitez de trop sucrer. Arrangez le tout dans la corbeille. Préparez un bon sirop au marasquin dans lequel vous mettrez des pistaches en filets; saucez-en légèrement les quenelles, et servez le reste dans la saucière. Enfilez au milieu de la corbeille un attelet d'argent, que vous garnirez avec trois ou quatre petits rameaux de laurier vert.

PUDDING A L'ISTHME DE SUEZ.

Formez un pudding dans un moule à cylindre, rien qu'avec des abricots confits et un appareil de biscuits cuits au lait d'amandes, dans lequel vous mêlerez un peu d'anisette. Lorsqu'il est cuit, mettez-le dans une casserole d'argent, et versez ensuite dans la casserole un sirop bien clair à l'anisette. Vous mettrez autour de petits rameaux de fenouil au caramel dont vous piquerez la queue à côté du pudding et sur les côtés de la casserole, pour qu'ils se tiennent droits. Vous en mettrez aussi sur le gâteau. Servez la casserole sans couvercle; servez sur un plat et une serviette de petits bâtons de fétage glacé au sucre en poudre.

CRÈME A LA LEVANTINE.

Faites dans un moule à gelée une forte crème au café. Démoulez-la sur un plat et garnissez-la de petites quenelles rondes que vous formerez de la manière suivante : faites cuire du riz à la vanille, ajoutez moitié de pâte d'amandes et de jaunes d'œufs. Faites un bon sirop au goût de citron, et au moment de servir, ajoutez un peu de rhum. Saucez-en le plat et servez le reste dans une saucière. On peut également servir cette crème froide.

VOL-AU-VENT A LA DÉMIDOFF.

Faites un vol-au-vent bien clair; au moment de le servir, garnissez-le d'une bonne purée de pêches et ananas mêlés ensemble; ajoutez-y ensuite une purée d'amandes vertes confites, que vous couperez en petits filets, de poires et de pistaches de la même façon. Disposez tout cela avec goût, et garnissez le tour du vol-au-vent de bouchées aux cerises confites. Le vol-au-vent et les petites bouchées se serviront sans couvercle.

COMPOTE A LA ROTHSCHILD.

Faites cuire en compote un gros ananas coupé en tranches rondes. Dressez-le sur un plat d'argent en lui donnant sa première forme. Vous mettrez dessus une fleur en cédrat que vous ferez tenir avec deux ou trois anneaux du même cédrat. Vous placerez autour de l'ananas quatre bouquets de pêches, quatre de mirabelles et quatre bouquets de poires. Vous ferez un bon sirop au champagne avec quelques pelures d'oranges. Au moment de servir, jetez dans le sirop deux cuillerées à bouche de bon cognac. Saucez le plat avec ce sirop et servez le reste dans une saucière.

BRIOCHE AUX SECRÉTAIRES.

Faites cuire de la pâte à brioches en forme de pâté, coupez-la ensuite en tranches de l'épaisseur d'un centimètre, remettez ces tranches au four pour leur faire prendre couleur comme les biscottes. Replacez-les sur un plat d'argent ovale; garnissez-les d'une macédoine de fruits coupés en dés très-menus, que vous servirez avec de la marmelade d'abricots au madère. Servez de la même sauce dans une saucière. Servez la brioche au naturel sans la saucer. Vous poserez seulement dessus quatre S faites avec de la poire crue.

TIMBALES A LA HOMÈRE.

Garnissez un moule à charlotte tout en cerises confites et bien attachées au moule. Faites un appareil de gâteau-punch, faites-le cuire avec une bouteille de malaga. Ajoutez-y un peu de sucre et de la crème de thé. Quand tout est prêt, laissez refroidir dans une terrine, mêlez avec beaucoup de cédrat confit et coupé en dés, faites de même avec de l'ananas et des pistaches. Ajoutez-y une bonne portion de rhum et des jaunes d'œufs, et mettez-la au feu une demi-heure avant de servir. Démoulez sur un plat; écrivez dessus avec de la poire bien mûre « *Homère* », et servez dans une saucière une zanbayonnaise au rhum.

DES SOUFFLÉS.

SOUFFLÉS A LA RENOMMÉE.

Faites de petites brioches dans des moules à darioles, faites-les cuire, laissez-les refroidir et videz-les ensuite le plus possible. Préparez un appareil de soufflés à la vanille, et au moment de remplir vos brioches pour les mettre au four, vous y mêlerez une cuillerée à bouche de rhum et deux de marasquin, et finissez ainsi vos soufflés.

SOUFFLÉS A LA COLOMBE.

Faites cuire du riz pour soufflés à la canelle. Lorsqu'il est bien cuit, mettez-le dans une terrine; au moment de remplir les caisses en papier que vous aurez préparées, ajoutez un peu de vin de Malaga pour leur en donner le goût, et servez.

SOUFFLÉS A LA JEANNE DARC.

Faites un appareil de crème de riz pour soufflés, mettez-le dans une terrine; ajoutez un tiers de pâte d'amande passée au tamis de crin; avant d'y mettre le blanc d'œuf, vous lui donnerez le goût de curaçao et en même temps un petit salpicon de cédrat avec de l'ananas. Vous les ferez cuire dans des caisses en papier.

SOUFFLÉS A TOUS LES GOUTS.

Faites un appareil pour soufflés à la crème de riz ; distribuez-le dans sept ou huit terrines, donnez à chaque partie un goût différent, à la vanille, au curaçao, à l'anisette, les autres aux fraises, et ainsi de suite, et vous les ferez cuire dans des caisses en papier.

SOUFFLÉS A LA CARDUCCIO DE 1529.

Faites des ronds de pâte frolle de l'épaisseur d'un centimètre, faites-les bien cuire au four sur une plaque, et laissez-les refroidir. Pilez-les ensuite dans un mortier, et au moment de servir, vous ajouterez un tiers de marmelade de coings. Passez à l'étamine et mettez le tout dans une terrine. Avant d'y verser des blancs d'œufs fouettés, vous y ajouterez un petit goût d'alkermès et vous remplirez ensuite vos caisses en papier.

SOUFFLÉS A LA FANTAISIE.

Faites bien cuire au four de grosses pommes de terre ; épluchez-les et passez-les à l'étamine, mettez-les ensuite dans une terrine, ajoutez-y une purée de noix dans laquelle vous aurez mis la quantité de sucre nécessaire pour vos soufflés. Avant d'y mettre les blancs d'œufs, donnez un goût de marasquin et faites-les cuire dans des caisses en papier en forme de cœur.

DES ENTREMETS FROIDS SUCRÉS.

GELÉE A LA BONNE FAÇON.

Faites une bonne gelée au marasquin et mettez-la dans un moule sans garniture. Au moment de la servir, mettez autour une macédoine de fruits masquée avec un sirop au marasquin et que vous tiendrez au bain-marie, sur de la glace, pour qu'elle soit bien froide.

GELÉE A LA GRANDE INDUSTRIE.

Faites une gelée au champagne que vous ferez prendre dans un moule à cylindre uni. Décorez de plusieurs dessins faits avec de l'ananas, de la pêche et de la poire cuits en compote. Au moment de servir, garnissez de petites gelées faites dans des moules à madeleines que vous ornerez également de différents dessins.

BAVAROISE A LA MER NOIRE.

Faites une bonne bavaroise parisienne que vous servirez dans un plat d'argent, et sur lequel vous aurez déjà fait prendre une bonne gelée à l'alkermès. Vous servirez séparément, sur un plat, avec serviette, de bons biscuits. Vous masquerez la macédoine avec un peu de crème à la vanille. La crème avec laquelle vous masquez les fruits ne doit pas être glacée. Au moment de la servir, vous la garnirez de trois espèces de glaces que vous ferez prendre dans de petits moules à glaces en forme de boule.

BOMBE A LA GULE.

Faites faire une bombe en fer-blanc, avec un trou au sommet, de la largeur de 10 centimètres ; garnissez-la de pâte d'office. Autour du trou, et avec la même pâte, figurez des flammes. Garnissez-la de papier, remplissez-la de farine et faites-la cuire. La bombe cuite, videz-la et détachez-la du moule. Vous donnerez aux flammes, avec le pinceau, une couleur rouge de feu. Vous les dorerez très-fort avec du jaune d'œuf, pour leur faire prendre une couleur plus vive. Donnez alors un coup de four. Mettez ensuite la bombe de côté, sur un plat, avec une serviette. Le moule doit avoir un pied, afin que la bombe puisse se tenir. Au moment de servir, remplissez-la d'une macédoine de fruits que vous aurez fait macérer sept à huit heures d'avance dans une terrine avec moitié sirop et moitié cognac. Laissez-les bien égoutter, et masquez-les avec une gramolate au citron.

GELÉE A LA PURITAINE.

Faites une bonne gelée au curaçao. Au moment de la servir, garnissez le tour d'une compote d'oranges au sirop, dans laquelle vous aurez mis un peu de vanille.

BAVAROISE A LA LUCIE.

Faites une bavaroise à la vanille. Au moment de la mettre dans un moule, ajoutez-y une certaine quantité de morceaux d'orange que vous aurez fait mariner dans du marasquin pendant cinq à six heures. Servez-la sur un plat à serviette, garnissez le plat de petites madeleines, sur chacune desquelles vous placerez une mirabelle.

BOMBE A LA SÉVASTOPOL.

Faites une bombe avec de la crème au chocolat, que vous ferez ensuite glacer. Garnissez les deux parties de la bombe. Au moment de la fermer, vous en remplirez le plus possible le milieu d'une bonne macédoine de fruits, dans laquelle vous mettrez beaucoup de pommes et de poires.

DES GLACES.

GLACE A LA FANTAISIE.

Faites une glace à l'orange, servez-la immédiatement dans des verres que vous garnirez ainsi : d'abord une couche de la glace à l'orange, puis une dizaine de gouttes de marasquin, enfin une cuillerée à café de gelée de framboise glacée. Garnissez dans cet ordre, de manière que le sommet soit une couche de glace à l'orange. Servez des gaufres à part.

GLACE A LA PATTI.

Préparez une crème à la vanille; lorsqu'elle est glacée, vous mettez un tiers de crème fouettée. Vous garnirez bien une bombière, en laissant un puits dans le milieu que vous remplirez avec une bonne macédoine de fruits coupés en dés assez petits, que vous aurez tenue en marinade avec du marasquin pendant deux ou trois heures. Au moment de remplir le puits, vous l'égoutterez bien, et vous mélangerez le remplissage avec de la glace. Finissez de couvrir avec la glace, sans fruits, et laissez une heure pour frapper. Vous servirez sur un plat avec serviette, et garnirez le tour de demi-abricots confits et de mirabelles.

Collez aussi quelques cerises confites autour de la glace quand vous l'aurez démoulée.

GLACE A LA LAGUNE.

Vous ferez une bonne glace au chocolat que vous mettrez dans un moule en forme de barque. Vous garnissez le milieu de la barque avec de petites glaces faites dans des moules en forme de fruits, ayant soin de donner à chaque glace le goût du fruit qu'elle représente. Servez sur le plat avec un socle assez large composé d'eau frappée de glace.

GLACE A L'IMPÉRATRICE.

Préparez une glace au citron, et lorsqu'elle est en état, masquez le dedans d'un moule en forme de moule à charlotte; remplissez-le de glaces de plusieurs espèces, telles que framboise, groseille, abricot, orange, cédrat; puis laissez tomber deux ou trois cuillerées à bouche d'anisette et autant de curaçao. Recouvrez le moule avec de la glace au citron et laissez-le frapper pendant une heure. La glace dont vous aurez masqué le moule doit être peu sucrée, afin de la faire mieux tenir. Démoulez-la cinq minutes avant de servir, et servez dans un plat sans serviette, entouré d'une bordure composée d'une compote de pêches au goût de marasquin. Vous mettrez une demi-pêche sur la glace. Les moules que vous emploierez pour faire les glaces doivent être très-petits.

GLACE A LA PACHA.

Faites une glace à l'ananas. Masquez l'intérieur d'un moule à turban, que vous remplirez d'une compote d'abricots avec un sirop bien réduit, et vous y ajouterez des tranches d'ananas, coupées en demi-lune. Refermez le turban avec le reste de la glace et mettez-le à frapper comme d'habitude. Vous le servirez sur un plat à serviette.

GLACE A LA GLOIRE.

Faites une glace aux pistaches; masquez-en intérieurement un moule représentant un trophée; vous le remplirez de petites tranches de glace aux « tutti frutti », que vous pouvez faire glacer dans un moule quelconque. Faites de la glace au chocolat, que vous ferez prendre dans de petits moules en forme de balles. Recouvrez le moule avec le reste de la glace et faites frapper pendant une heure. Vous servirez sur un plat à serviette. Piquez, sur le milieu de la glace, un petit drapeau tricolore, le drapeau fixé à un attelet.

GLACE A LA DÉFENSE.

Préparez une glace au chocolat, que vous ferez prendre dans un moule en forme de canon. Servez sur un plat à serviette avec un socle figurant à peu près un rempart et que vous ferez avec de la glace aux pistaches. Garnissez avec des glaces en forme de balles au chocolat.

GLACE A LA BENOITON.

Vous ferez quatre espèces de glaces : à l'abricot, aux framboises, au citron et aux pistaches. Dans chaque sorte de glace, vous ajouterez un quart environ de crème fouettée. Les glaces doivent être frappées dans quatre moules, représentant des femmes de différents visages et différemment habillées. Les moules doivent être hauts de 30 centimètres. Vous servirez sur un plat à serviette, où vous aurez fait un socle de glace « tutti frutti ». Vous piquerez un atelet, au haut duquel vous fixerez un bouquet de violettes.

GLACE A LA DONATELLO.

Préparez une glace à l'ananas. Ajoutez-y un tiers de crème fouettée. Avant d'y mettre la crème, travaillez le tout pour le faire devenir bien blanc. Après quoi, vous remplirez un moule représentant un buste de femme. Servez sur un plat avec un socle d'eau glacée. Vous garnirez avec de petites glaces au citron et « tutti frutti ».

GLACE AU LION AMOUREUX.

Faites une glace aux abricots assez colorée; remplissez un moule en forme de lion; videz-le un peu intérieurement et comblez le vide avec de la crème fouettée sucrée, où vous mêlerez une quantité de demi-mirabelles confites. Servez sur un plat avec un socle composé d'une glace au citron. Vous collerez, sur le dos du lion, un sujet représentant l'Amour, que vous ferez avec de la glace au citron.

GLACE A LA NYMPHE.

Faites une bonne glace aux poires, où vous ajouterez un petit goût de marasquin. Vous remplirez un moule représentant une nymphe. Vous la servirez sur un plat à serviette avec un socle figurant un groupe de fleurs, que vous composerez de glaces de plusieurs espèces et de plusieurs couleurs.

GLACE A LA RAFFET.

Préparez une glace aux mandarines. Remplissez-en une bombière. Démoulez et fixez, sur le dessus, de petites glaces aux fraises faites dans un moule à glaces, que vous aurez soin de couper en deux pour qu'elles adhèrent bien. Vous pouvez faire prendre la glace dans un moule quelconque. Au moment de servir, vous collerez alentour, en forme de petits ronds, de fruits glacés de diverses couleurs, tels que demi-cerises, morceaux d'abricots, poires, ananas, fraises et framboises. Garnissez le bas de la glace avec des mirabelles, des demi-reines-claudes et demi-pêches, préparées en compote glacée. Au moment de garnir le plat, vous les égoutterez dans une serviette.

Pièce montée à la Lucullus.
Page 203.

Arbre à la ville de Florence.
Page 203.

Pièce montée à la gloire des deux Nations.
Page 204.

DES PIÈCES MONTÉES.

TABLE A BUFFET.

La façade de la table doit être décorée en rubans verts. Quant aux plats qui forment le buffet, on peut les choisir à volonté dans le présent ouvrage.

ARBRE A LA VILLE DE FLORENCE.

Cet arbre est tout simplement un citronnier, aux branches duquel, à la place où se trouvent les fruits, vous attachez, à l'aide de crochets en argent ou en fil de fer étamé, des galantines de mauviettes, de cailles et de toute espèce de gibier de même volume. On placera l'arbre dans un pot à fleurs adapté à la proportion de la table ou du buffet, où on le dressera comme pièce montée de milieu. Les personnes qui servent pourront aisément détacher les petites galantines et les servir à chaque convive en y ajoutant de l'aspic, préparé dans des casseroles en argent séparées.

PIÈCE MONTÉE A LA LUCULLUS.

Le socle est composé d'une carcasse en bois masquée d'un appareil de graisse à socles, comme d'habitude. Toute la décoration consiste en feuilles vertes. Les deux têtes sont des hures de sanglier à la Machiavel ; la grande galantine du milieu est faite de dindonneaux au roi de Perse ; les autres quatre plus petites sont des galantines de perdreaux à la sévillane. La pièce peut servir comme milieu d'un buffet, ainsi que la précédente.

TOUR A LA GLOIRE.

Cette tour est montée sur une carcasse en bois, masquée d'un pastillage blanc, rouge et bleu, que l'on dispose à volonté. La base doit être faite avec du sucre vert, comme cela se pratique d'habitude. La grille qui entoure la base et tous les décors, sauf les drapeaux, est en pastillage coloré selon le besoin. Le grand drapeau, en soie blanche, rouge et bleue, portera au milieu l'inscription : « *La paix.* » Les six plus petits représenteront la France, l'Italie, l'Angleterre, la Russie, la Prusse et l'Autriche.

PIÈCE MONTÉE A LA GLOIRE DES DEUX NATIONS.

Cette pièce est complétement travaillée dans le genre de la précédente, seulement les figures de soldats et les deux armoiries doivent représenter la France et l'Italie.

LE LABYRINTHE.

Vous ferez exécuter soigneusement le dessin en bois pour faciliter le travail. Garnissez-le comme les

N° 13.

Pièce montée à la Démidoff.
Page 203.

Pièce montée au Labyrinthe.
Page 204.

Paris. Imp. E. Bry.

Bouquet de Gibier.
Page 205.

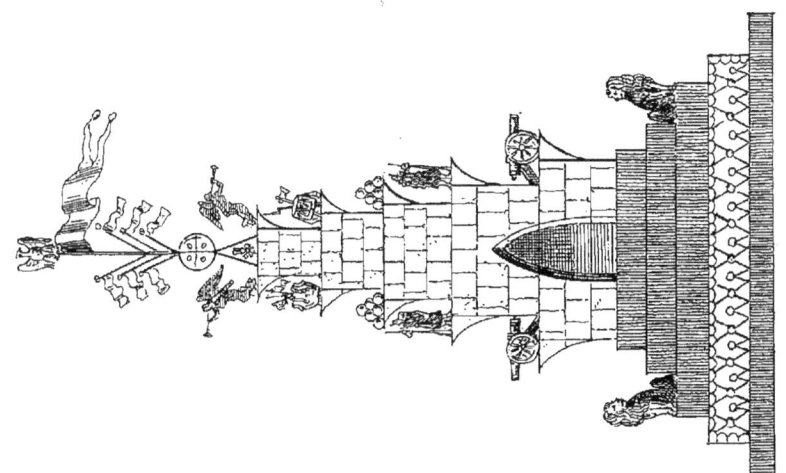

Tour à la Gloire.
Page 204.

pièces précédentes. Vous pouvez le finir en l'ornant de quelques petits dessins au cornet, toujours de plusieurs couleurs.

PIÈCE MONTÉE A LA DÉMIDOFF.

Cette pièce repose sur une carcasse complétement construite en pâte à braiser; tout le décor est en pastillage et au cornet. L'écusson d'armoiries du milieu représente un marteau, une fleur de lis et trois compas. Les quatre drapeaux sont les drapeaux russes. La boule qui est à l'extrémité représente la mappemonde. Au-dessous figure la croix de la Légion d'honneur.

BOUQUET DE GIBIER.

Cette pièce, comme le dessin l'indique, se compose de diverses espèces de gibier groupées avec art et surmontant un vase. Les oiseaux à couleurs brillantes doivent, naturellement, être recherchés dans sa construction.

TABLE DES MATIÈRES.

DÉDICACE, 5.

AVERTISSEMENT, 7.

MENUS POUR 40 COUVERTS, 9.

POTAGE à la Démidoff, 19.
— à la John Russell, 19.
— à la Belle-ville, 20.
— à la Sultane, 20.
— à la New-York, 20.
— à la Nouvelle diplomatie, 21.
— à la Mexicaine, 21.
— Abd-el-Kader, 22.
— des Quatre saisons, 22.
— Belle-vue, 22.
— à la Ville de Berlin, 23.
— à la Druse, 23.
— Irlandais, 24.
— à la Cialdini, 24.
— Matelotte à la Florentine, 24.
— au 15 septembre 1864, 25.
— au Héros de Palestro, 25.
— à la Bersaglière, 26.
— à la Lucullus, 26.
— à la Villafranca, 27.
— Tortue à la Démidoff, 27.
— Victoria, 28.
— à la Guillaume Tell, 28.
— au Trouveur, 28.
— aux Bijoux, 29.
— de fantaisie, 30.
— au Mont-Blanc, 30.
— à la Moderne, 30.
— à la Ville de Dresde, 31.
— à la Circassienne, 31.
— à l'Amirauté, 32.
— aux Maréchaux, 32.
— Magenta et Solferino, 33.
— à la Dumas, 34.
— à la Thérésa, 34.

POTAGE aux Dardanelles, 34.
— à la Mère l'Oie, 35.
— Toledo, 36.
— à la Rothschild, 37.
— à la Sorcière, 37.
— à la Souveraine, 37.

HORS-D'ŒUVRE. Friture Sibérienne, 41.
— Petits soufflés au Caire, 41.
— Friture à la Blanche, 41.
— Petits pâtés à la Turbigo, 42.
— Petits vols au-vent à l'Abd-el-Kader, 42.
— Croquettes à l'Indienne, 43.
— Petits pâtés Inkermann, 43.
— Friture mêlée à la Mantovaise, 43.
— Croûte gourmande, 44.
— Filets de merlans à la Durando, 44.
— Petites timbales à la Garibaldi, 45.
— Friture des Millionnaires, 45.
— Rissoles à la Démidoff, 46.
— Friture au Prince impérial, 46.
— Friture à la Louisiane, 46.
— Friture à la Capo-di-Monte, 47.
— Friture à l'Africaine, 47.
— Friture coquette, 47.

HORS-D'OEUVRE. Friture au Nouveau Monde, 48.
— Friture Messinienne, 48.
— Petites timbales à la Titus, 49.
— Soufflés à la Marc-Aurèle, 49.
— Friture au Grand Boulevard, 50.
— Pâtés Omer-Pacha, 50.
— Petites bouchées aux Vrais amis, 51.
— Friture à la Strauss, 51.
— Friture à la Fleuriste florentine, 52.
— Les bâtons à la Palmerston, 52.
— Coquilles à la Breslaw, 53.
— Petites timbales Madame, 53.
— Petites bouchées des Mille, 53.
— Croquettes au vis-à-vis, 54.
— Petites timbales à la Maison dorée, 54.
— Petits soufflés à la Cellini, 55.
— Petits soufflés au Désir, 55.
— Croquettes à la Sainte-Barbe, 55.
— Friture des Maîtres, 56.
— Friture des Cuisiniers, 56.
— Friture des Maîtres d'hôtel, 57.
— Friture comme il vous plaira, 57.
— Timbales à la Grenadière, 58.

RELEVÉS. Turbot à la Lord Byron, 61.
— Esturgeon à l'Arioste, 61.

RELEVÉS. Saumon à la Regent-Street, 62.
— Esturgeon au Grand Steamer, 63.
— Soles à la Démidoff, 64.
— Turbot à l'Union universelle, 65.
— Truites au Lac, 66.
— Matelote à la Botanique, 67.
— Merlan à la Silvio Pellico, 68.
— Famille des truites réunies, 69.
— Esturgeon aux Flottes réunies, 70.
— Filets de turbot au Prince Humbert, 71.
— Faisans à la Démidoff, 73.
— Culotte de bœuf à la Dante Alighieri, 74.
— Culotte de bœuf à la Napoléon Ier, 75.
— Pièce de bœuf à la Napoléon III, 75.
— Filet de bœuf à la Confortable, 76.
— Gigot de mouton à la Jean-Jacques Rousseau, 77.
— Poulardes à la Dame aux camélias, 78.
— Dindonneau à la Paix européenne, 79.
— Filet de bœuf au Nouveau règne, 80.
— Oie à la Don Carlos, 81.
— Culotte de bœuf au Comte Sonnino, 82.
— Râble de renne à la Franklin, 83.
— Hure de sanglier à la Turco, 84.
— Longe de veau à la Nouvelle-Amérique, 85.
— Epaules d'agneau à la Lord Vernon, 86.
— Gigot de mouton à la Lord Breghr, 87.
— Chapons à la Don Pédro II, 88.
— Rosbeef à la Nouvelle-Zélande, 88.
— Lièvre au Gladiateur, 89.

TABLE DES MATIÈRES.

Relevés. Filet de bœuf à la Boucanière, 91.
— Filet de bœuf à la Costabili, 92.
— Cochon de lait à la Washington, 93.
— Jambon à la Reine Victoria, 94.
— Chevreuil à la Biche au bois, 94.
— Filet de bœuf à la Jules César, 96.
— Chevreuil au Chasseur impérial, 97.
— Selle de sanglier à la Gérard, 98.
— Poularde aux Quatre Saisons, 99.

Entrées chaudes. Ortolans à la Paul Démidoff, 103.
— Suprêmes de volaille à la Lucullus, 103.
— Poulardes à la Scipion l'Africain, 104.
— Cailles à l'Aigle romaine, 105.
— Poulets au Prince impérial, 106.
— Filets de volaille à la Bizarre, 106.
— Perdreaux à l'État-major, 107.
— Cailles à la Bertrand, 108.
— Turban de sarcelles à la Gandolfo, 108.
— Ortolans à l'Indépendance, 109.
— Poulardes au Prince Albert, 109.
— Bécasses au Prince de Galles, 110.
— Filets de volaille à la Patti, 111.
— Côtelettes de mouton à la Lord-Maire, 111.

Entrées chaudes. Lièvre à la Dante da Castiglione, 112.
— Croustades de gibier aux Trois Mousquetaires, 112.
— Tortue à la Démidoff, 113.
— Perdreaux rouges à la Maréchal Ney, 113.
— Mauviettes aux Frères Bandiera, 114.
— Saumon à la Don Juan, 115.
— Pâté de soles à la Princesse de Galles, 116.
— Homards à la Carignan, 116.
— Poulardes au 1er soldat de l'indépendance italienne, 117.
— Ortolans à l'Hirondelle, 117.
— Perdreaux à la Cimarosa, 118.
— Suprêmes de perdreaux à la Signoria, 118.
— Côtelettes de veau au Doge de Venise, 119.
— Timbale à la Doria, 119.
— Poulets aux Cinq journées de Milan, 120.
— Bécasses au Quadrilatère vénitien, 120.
— Pyramide à la Rentrée des armées, 121.
— Poulardes aux Florentins du 27 septembre 1859, 122.
— Timbale aux Gre-

ENTRÉES CHAUDES. nadiers de la garde, 122.
— Filets de volaille aux Grands poëtes, 123.
— Pâté de perdreaux à la Démidoff, 124.
— Tortue à la Saïd-Pacha, 124.
— Côtelettes de veau à la Robert Peel, 124.
— Ris de veau à la Zurich, 125.
— Blanquette de volaille à la Démidoff, 126.
— Beefstakes à la Bonaparte, 126.
— Poulets nouveaux à la Nélaton, 127.
— Perdreaux à la Weber, 128.
— Tête de veau à la Girardin, 128.
— Filets de faisans à l'Impératrice Eugénie, 129.
— Quenelles de perdreaux à la Molière, 129.
— Côtelettes d'agneau à la Colbert, 130.
— Pigeons à la Meyerbeer, 131.
— Pâté de tortue à la Paul Démidoff, 131.
— Rognons de chapons à l'Amitié, 132.
— Pudding de faisans à la Surprise, 132.
— Filets mignons de dindonneaux au Souvenir, 133.

FROID. Cochon de lait à la Gemma, 137.

FROID. Jambon anglais au Congrès, 139.
— Galantine de dindonneau au Roi de Perse, 140.
— Pain de foie gras à la Ermina degli Ermini, 141.
— Pain de caneton à la Michel-Ange, 142.
— Galantine de dindonneau à la Ferruccio, 143.
— Galantine de perdreaux à la Sévillane, 143.
— Bastion de foie gras à la Palestine, 144.
— Pâté de gibier au Grand Frédéric, 145.
— Chaud-froid de cailles à la Charles-Albert, 145.
— Timbales d'huîtres à la Raphaël, 146.
— Filets de turbot à l'Ettore Fieramosca, 147.
— Magnonnaise de thon à la Vespucci, 147.
— Magnonnaise de homard à la Nicolo dei Lapi, 148.
— Chaud-froid de ris d'agneau à la Brunellesco, 149.
— Filets de lapereau à l'Etruria, 150.
— Homards à la Borgia, 151.
— Magnonnaise de poisson aux Quatre ports de mer, 151.
— Filets de soles à la Distinguée, 152.
— Pain de foie gras à la Liberté, 153.
— Bastion de sole à la Cronstadt, 153.
— Darne d'esturgeon à la Grande rivière, 154.
— Galantine de chapon à la Persano, 155.
— Hure de sanglier à la Machiavel, 156.
— Galantine de caneton à la Unterbruhl, 157.

ROTS. Bécasses aux croûtons farcis à la Norcia, 161.
— Caneton à la Land-Strasse, 161.
— Faisans garnis à la Guerrazzi, 161.

TABLE DES MATIÈRES.

Rôts. Oie à la Nelson, 162.
— Ortolans et becfigues à l'Amante, 162.
— Ortolans à la Sultane, 162.
— Chapons nouveaux garnis de grives, 162.
— Dindonneau à la Tibère, 163.
— Poulets au Roi de Rome, 163.

Entremets de légumes. Choux-fleurs à l'Agréable, 167.
— Flageolets à la Oporto, 167.
— Concombres farcis à la Belle Césire, 167.
— Petits pois à la Constantine, 168.
— Haricots verts à la Marmora, 168.
— Macédoine de légumes à l'Indienne, 169.
— Artichauts à la Boudouaou, 169.
— Petites carottes à la Norvége, 170.
— Pointes d'asperges à la Petrarca, 170.
— Artichauts au Retour de la chasse, 170.
— Timbale d'épinards à la Fleur, 171.
— Timbale de chicorée à la Violetta, 171.
— Champignons à l'Impératrice, 172.
— Les truffes noires à mon goût, 172.
— Truffes blanches à la Victor-Emmanuel, 172.
— Truffes noires, 173.
— Macédoine aux Musiciens, 173.
— Macaroni à la Rossini, 174.

Entremets de douceurs. Gâteaux à la Démidoff, 177.
— Crème à l'Impératrice, 177.
— Pyramide à la Réunion, 177.
— Charlotte Magenta à la Mac-Mahon, 179.

Entremets de douceurs. Bateaux au Câble transatlantique, 179.
— Crème à la Saint-Domingue, 179.
— Gâteau à la Confédération germanique, 180.
— Timbale à la Grandeur de la France, 180.
— Timbale à la Régénération italienne, 181.
— Poires à la Crème cachée, 182.
— Pudding à la Reine de Portugal, 183.
— Timbale au 15 septembre 1864, 183.
— Charlotte à la Bazaine, 184.
— Pommes à la Bédouine, 184.
— Quenelles à la Cavour, 185.
— Petits puddings à la Ricasoli, 185.
— Pommes à la Lichtenstein, 186.
— Poires à la Hollandaise, 186.
— Chartreuse à la Charmante, 187.
— Pêches à la Concorde, 187.
— Timbales aux Armées de France et d'Italie réunies, 188.
— Savarin à la Bourse, 188.
— Corbeille au Grand Boulevard, 189.
— Pudding à l'Isthme de Suez, 190.
— Crème à la Levantine, 190.
— Vol-au-vent à la Démidoff, 191.
— Compote à la Rothschild, 191.
— Brioche aux Secrétaires, 192.

242 TABLE DES MATIÈRES.

ENTREMETS DE DOUCEURS. Timbales à la Homère, 192.

SOUFFLÉS. Soufflés à la Renommée, 193.
— Soufflés à la Colombe, 193.
— Soufflés à la Jeanne d'Arc, 193.
— Soufflés à tous les goûts, 194.
— Soufflés à la Carduccio de 1529, 194.
— Soufflés à la Fantaisie, 194.

ENTREMETS FROIDS SUCRÉS. Gelée à la Bonne façon, 195.
— Gelée à la Grande industrie, 195.
— Bavaroise à la Mer Noire, 195.
— Bombe à la Gule, 196.
— Gelée à la Puritaine, 196.
— Bavaroise à la Lucie, 197.
— Bombe à la Sévastopol, 197.

GLACES. Glace à la Fantaisie, 198.
— Glace à la Patti, 198.
— Glace à la Lagune, 199.
— Glace à l'Impératrice, 199.
— Glace à la Pacha, 200.
— Glace à la Gloire, 200.
— Glace à la Défense, 200.
— Glace à la Benotton, 201.
— Glace à la Donatello, 201.
— Glace au Lion amoureux, 201.
— Glace à la Nymphe, 202.
— Glace à la Raffet, 202.

PIÈCES MONTÉES. Table à buffet, 203.
— Arbre à la Ville de Florence, 203.
— Pièce montée à la Lucullus, 203.
— Tour à la Gloire, 204.
— Pièce montée à la Gloire des deux nations, 204.
— Le Labyrinthe, 204.
— Pièce montée à la Démidoff, 205
— Bouquet de gibier, 205.

FIN DE LA TABLE DES MATIÈRES.

www.ingramcontent.com/pod-product-compliance
Lightning Source LLC
Chambersburg PA
CBHW070621170426
43200CB00010B/1876